틈틈이 도쿄

틈틈이 떠난 도쿄 여행.
취향에 맞는 상점, 책, 디자인을 찾아가는
나만의 시간들.

*맞춤법과 띄어쓰기는 기본적으로 국립국어원의 표기 규정을 따랐지만, '가챠샵' 등 일부 단어는 일반적으로 통용되는 쪽으로, 브랜드 관련한 것은 해당 브랜드의 표기 방식으로 기재했습니다.

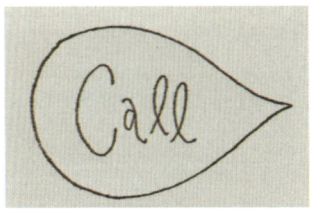

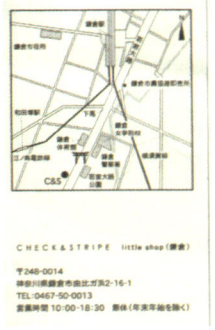

TEMBEA

TOKYO
1-1-12-103 Jingumae, Shibuya,
Tokyo 150-0001, Japan
Tel: 03-3405-5278
Hours: Mon-Fri 12:00-20:00
Sat/Sun/Holiday 11:00-19:00

KYOTO
527 Hoteiyacho, Fuyachohiga
shiiru, Ebisugawa-dori, Nakag
yo-ku, Kyoto 604-0963, Japan
Tel: 075-221-5278
Hours: 11:00-19:00
Close: Tuesday & Wednesday

Web: torso-design.com

CLASKA Gallery & Shop "DO"

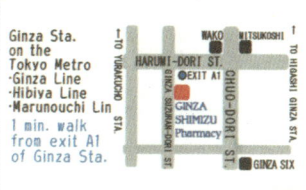

Ginza Sta.
on the
Tokyo Metro
·Ginza Line
·Hibiya Line
·Marunouchi Lin
1 min. walk
from exit A1
of Ginza Sta.

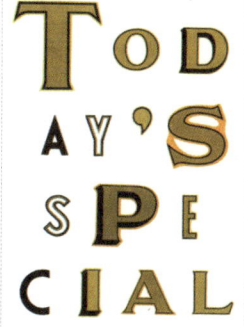

TODAY'S SPECIAL

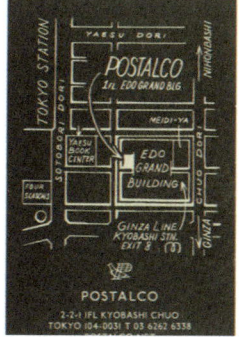

bon voyage

旅に持っていく、旅の記憶を持ち帰る。
旅に持っていく器をイメージして作ったシリーズ。

color / LS size gray, green
SS size gray, green, white, yellow, brown

plate L / plate S / plate SS

○ microwave ○ dishwasher × oven

yumiko iihoshi porcelain

Jiyugaoka

CHECK&STRIPE
http://checkandstripe.com

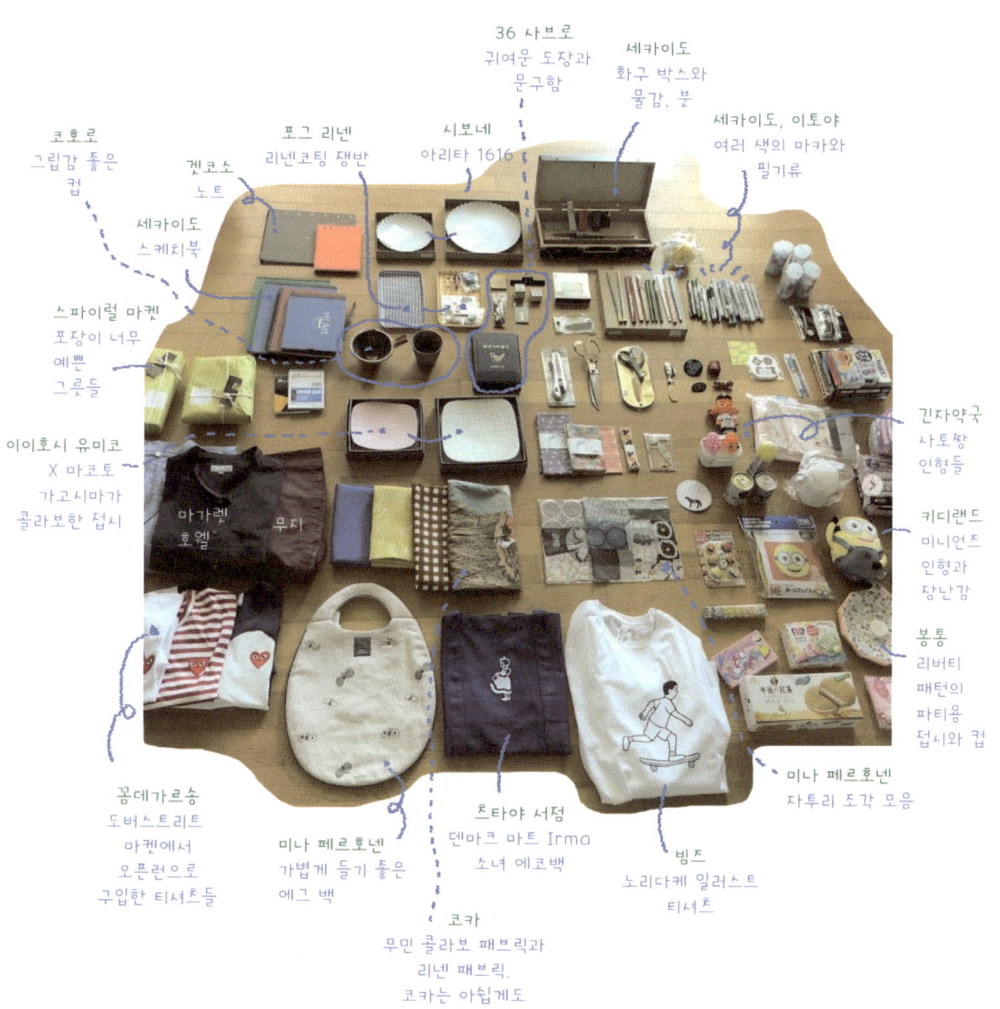

PROLOGUE 일년에 한두 번씩, 20년 동안 떠난 여행

무겁지 않은 선택.

처음 도쿄에 간 건 친구와 함께였습니다. 2001년 여름, 우리는 꿀 같은 휴가를 함께 보내고자 계획을 세웠어요. 어디로 갈까? 어떤 곳으로 갈까?

유럽은 멀기도 하지만 짧은 여름휴가 내에 다녀오기에는 무리였고, 동남아 휴양지는 비싸면서도 심심하지 않을까? 제주도는 거리상으로는 적절하지만 차를 렌트해야 해서 곤란하네(그땐 자동차 면허증이 없었어요). 그렇게 후보지에서 하나둘 빼다보니 남은 곳이 도쿄였습니다.

당시 도쿄는 여러 모로 적절했어요. 외국이지만 비행 시간이 짧고, 휴양보다는 새로운 곳을 돌아다니며 경험하는 것을 선호하는, 물욕 많은 우리의 취향에 부합하는 도시였죠.

하지만 우린 도쿄에 대해서 아는 것이 별로, 아니 거의 없었어요. 일단 가장 많이 들어봤던 지역인 신주쿠역 근처 호텔을 예약하고 《여자들을 위한 도쿄》라는 가이드 책을 한 권 샀습니다.

짧은 비행 시간을 마치고 시부야 땅에 첫 발을 내디뎠을 때 우리의 결정이 옳았음을 직감했죠. 100엔 숍과 쓰리 미닛 해피니스Three minutes Happiness에서 만족스러운 쇼핑을 하고, 하라주쿠 교자에서 겉바속촉 만두를 먹고, 키디랜드에서 국내 가격의 반값인 블라이스 인형을 보며 소리 질렀어요.

일어 한마디도 못했지만 사람들 대부분이 친절해서 여자 둘이 다니는 것에도 전혀 무리가 없었습니다. 지하철은 서울과 비슷했고 카페, 그릇, 문구, 책, 리빙, 잡화 등 우리가 좋아하는 모든 것들이 한데 모여 있었거든요. 한마디로 취향저격! 짧은 시간, 여행을 다녀오기에는 도쿄만 한 도시가 없다는 것을 알았습니다.

여행에 항상 거창한 목적이 있는 것은 아닌 것 같아요.
낯선 곳에서 나를 돌아보고 삶의 의미를 찾지 않더라도 잠시 똑같은 집, 일상을 벗어나는 것만으로도 지루한 생활의 마모가 메워지기도 합니다. 그 뒤로 일 년에 한두 번씩 틈틈이 도쿄를 방문했습니다. 당시에는 엔저였고 20만 원대로 저렴한 항공편도 많았거든요. 또 밤에 출발하는 2박4일의 도깨비 여행도 젊은 사람들에게는 인기였습니다(저도 그때는 젊었나봐요). 시간이 맞는 친구와도 가고, 출장 가는 지인을 따라도 가고, 결혼기념일이나 생일에 맞춰 남편과 가고, 어린 딸과 단둘이도 가고, 조카를 데리고도 가고, 육아에 지친 네 살 터울 언니와도 갔습니다. 물론 혼자도 갔죠.

도쿄는 어느덧 제가 가장 선호하는 도시가 되었어요. 자주 방문하니 예측이 불가한 상황에 맞닥뜨리는 변수가 없는 것이 좋았고, 별다른 준비 없이 바로 떠날 수 있는 것도 마음에 들었습니다. 때로는 삶의 도피처가 되기도 했어요. 경제적 사정이 좋지 못해 월세 내는 것조차 힘들었을 때도 저는 도쿄를 찾았어요. 돈을 아껴 저가 비행기와 비지니스 호텔을 예약했어요.

당시 저희 집 욕실은 굉장히 좁았고 제대로 된 샤워부스조차 없었습니다. 그래서인지 어렸던 민소는 호텔에서 보내는 시간을 무척이나 좋아했어요. 아이에게 호텔의 크기나 시설은 그리 중요치 않았죠. 낮에 도큐핸즈에서 구입한 입욕제를 풀어 거품 가득한 욕조에서 목욕을 즐겼는데 입욕제가 다 녹으면 그 안에 작은 장난감이 랜덤으로 나와요. 한번은 새우 튀김이 나왔는데 민소는 어느 때보다 재미있어 했고 오랫동안 그 새우 튀김 장난감을 간직했어요. 저 역시 따뜻한 목욕 후 마시는 차가운 맥주 한 캔의 맛을 도쿄에서 알게 되었습니다. 민소는 집에서는 항상 컴퓨터 앞에서 일만 하던 엄마를, 도쿄에서는 느긋하게 놀며 쉬며 독점할 수 있다는 것이 가장 좋았을 거예요.

당시에는 특별하게 하는 것 없이 둘이 돌아다니기만 해도 좋았어요. 즐겨찾는 카페에서 아침을 시작하고, 서점에서 시간에 구애받지 않고 맘껏 책을 보고, 빈티지 상점에서 좋아하는 인형과 장난감을 구경하고, 편의점 도시락을 공원에 앉아 도란도란 이야기하며 먹고, 트렌디한 디자인을 보고 오는 것만으로도 만족스러웠어요.

생각해 보면 당시는 힘든 일이 허들처럼 끊이지 않고 이어지던 '내 인생의 암흑기'였어요. 아침이면 천장을 보며 한숨을 쉴 때가 많았던 시절이었지요. 하루하루 켜켜이 쌓여가는 불안정한 생활 속에서, 도쿄는 잠시 멀리서 나를 조망하는 시간을 가져다 주었습니다. 그 안에서 균형을 찾았고 일상을 포기하지 않고 지속할 힘이 생겼습니다.
'아자! 힘을 내자! 열심히 살아보자!' 뭐 이런 거.

도쿄는 제게 그런 곳이었습니다.
그 공간과 시간들을, 같이 나눠보고자 합니다.

CONTENTS

좋아하는 동네 01

- 010 프롤로그
- 020 시부야 - 여행의 시작
- 022 하치코 버스 / 미야시타 파크
- 024 히카리에 / 시부야 파르코 / 시부야 스크램블 스퀘어
- 026 시부야 지도
- 028 오니버스 커피
- 030 시모키타자와 - 살고 싶은 동네
- 032 머스타드 호텔
- 034 리로드
- 036 보너스 트랙
- 038 미칸 시모키타
- 039 시모키타자와 지도
- 040 구라마에 - 도쿄의 브루클린
- 041 펠리칸
- 042 구라마에 지도
- 044 키치조지 - 구구는 고양이다
- 046 키치조지 지도
- 048 남편 선물

그릇과 도구 02

- 054 그릇을 사러
- 056 이이호시 유미코
- 058 갓파바시 도구 거리 & 지도
- 060 카마아사
- 061 카나야 브러시
- 062 우츠와조시 / 키친월드 티디아이
- 063 유니온 / 후와리 / 덴가마
- 064 코호로
- 066 디앤디파트먼트
- 068 키로이 토리
- 069 싱크 플러스
- 070 슈로
- 072 멸치에 진심
- 074 콜라주

리빙과 잡화 03

- 078 육아의 명약
- 080 선물 뭐 사올 거야?
- 082 카시카
- 086 시보네
- 088 투데이즈 스페셜
- 090 덜튼
- 092 피.에프.에스 / 클라스카 갤러리 & 숍 "DO"
- 094 무지
- 096 아웃바운드 / 라운드어바웃
- 097 로스트 앤 파운드
- 098 아트 앤 사이언스
- 099 스파이럴 마켓
- 100 플레이마운틴
- 101 포스탈코
- 102 콜라주
- 104 사토짱 좋아하잖아

CONTENTS

패브릭과 핸드메이드 04

- 108 당신은 천사인가요?
- 110 미나 페르호넨
- 112 콜
- 114 마테리아알리
- 115 엘레바
- 116 포그 리넨
- 118 리넨버드
- 120 닛포리 패브릭 타운
- 122 파키라 / 엘뮤제
- 123 토마토 패브릭 / 휴멍거스
- 124 체크앤스트라이프
- 126 유자와야
- 128 에이브릴
- 129 핀도트
- 131 콜라주
- 132 따로따로 행복하게

문구 05

- 136 진이네 작은 문구점
- 138 카키모리
- 140 세카이도
- 142 겟코소
- 144 이토야
- 146 파피에르 라보
- 147 36 사브로
- 148 테가미사 2nd STORY
- 150 홀벤 물감의 로망
- 151 콜라주

Book 06

- 154 서점이라는 놀이터
- 156 다이칸야마 츠타야
- 158 여행 첫날 루틴
- 159 츠타야 가전
- 160 무라카미 하루키 도서관
- 164 국제 어린이 도서관
- 166 모노클 숍
- 168 카우북스
- 170 아오야마 북센터
- 171 모리오카 서점 / 시부야 퍼블리싱 앤 북셀러즈
- 172 닛키야 츠키히
- 173 비앤비
- 174 콜라주

부록
가챠샵과 굿즈 07

- 178 선샤인 시티
- 179 시 프라 시부야 / 요도바시 전자상가
- 180 라운드 원, 세가
- 181 나가노 브로드웨이 / 케이북스 이케부쿠로
- 182 키디랜드 / 애니메이트 이케부쿠로
- 183 북오프
- 184 언니랑 데이트
- 185 콜라주
- 190 에필로그

좋아하는 동네 01

시부야 Shibuya
여행의 시작

여행의 시작은 언제나 시부야였습니다.

계절이 바뀌고 나이를 먹고 취향이 변해도 시부야는 여전히 재미있고 친근합니다. 시부야 자체도 볼 것이 많지만 시부야를 중심으로 하라주쿠, 다이칸야마, 나카메구로를 모두 도보로 다닐 수 있다는 점이 가장 좋아요. 마치 홍대를 중심으로 연남동, 합정, 망원동을 걸어 다니는 것처럼. 컨디션이 좋은 날은 신촌에 이대까지.

시부야 프로젝트 Greater Shibuya

다년간 시부야는 공사에 공사를 거듭했습니다. 그건 바로 2012년 오픈한 '히카리에'를 시작으로 15년에 걸쳐 이어진 시부야 재개발 프로젝트 때문이었어요. 시부야역 주변 반경 2.5km 이내 지역을 '광역 시부야'로 지정하고 도시 만들기와 매력 향상이라는 두 가지 관점에서 시부야 발전을 추진한 것이죠. 강을 개복하고 미야시타 공원을 조성하고 역과 거리를 단장했습니다. 덕분에 빌딩만 가득했던 시부야는 더욱 젊고 쾌적하며 활기찬 지역이 되었습니다.

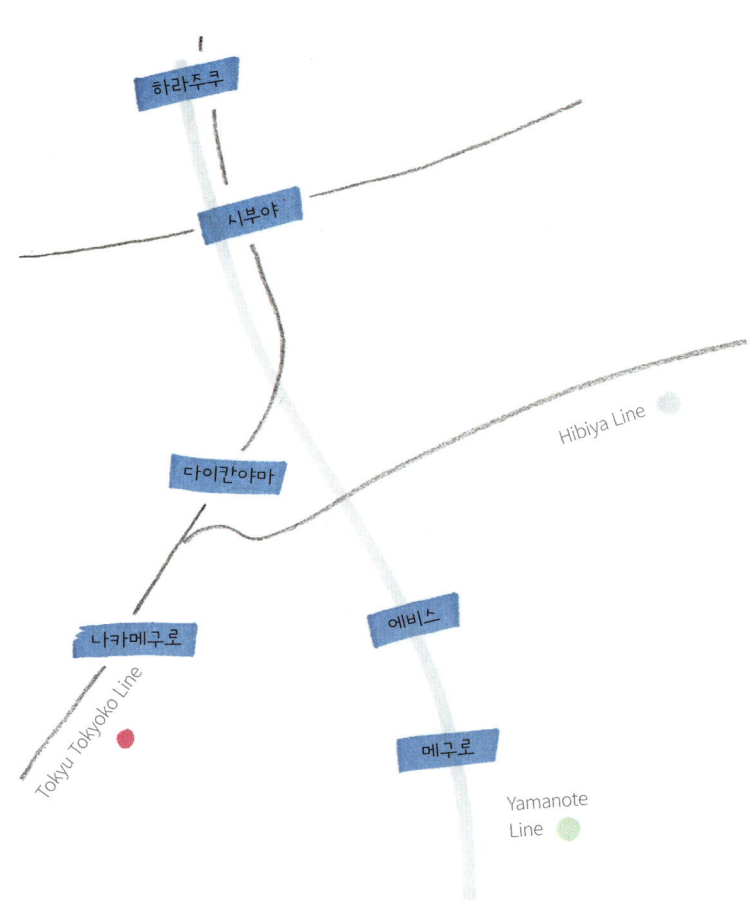

하치코 버스 Hachiko Bus

시부야는 여러 명소와 가깝게 연결되어 있어서 도보로 이동하기 좋다는 장점이 있지만, 지역이 생각보다 넓기 때문에 역에서부터 무작정 걷기만 해서는 주변을 다 둘러보기는 어려울 수 있어요. 이런 불편함을 해결해주는 동네버스가 있는데, 동전 하나(100엔)만 내면 시부야 골목골목을 누빌 수 있는 '하치코 버스'가 바로 그 주인공입니다. 이 귀여운 하치코 버스는 원래 동네 주민을 위한 교통 수단이었다고 해요. 현재 네 개의 노선으로 시부야뿐 아니라 에비스, 다이칸야마, 하라주쿠, 오모테산도까지 운행중입니다. 단 교통량이 많은 출퇴근 시간에는 생각보다 오래 걸릴 수도 있어요!

🚌 유야케 코야케 루트: 구청에서 시작해 시부야, 에비스, 다이칸야마를 순환
🚌 우에하라 도미가야 루트: 시부야역과 요요기우에하라역을 연결
🚌 스프링 브룩 루트: 도미가야, 하쓰다이, 혼마치, 사사즈카를 연결
🚌 진구마에 센다가야 루트: 하라주쿠, 오모테산도, 센다가야, 요요기를 연결

하치코 버스는 시부야 역 서쪽 출구 앞에서 출발합니다.
자세한 루트는 버스 표지판이나 시부야 도시 홈페이지를 참고하세요.
city.shibuya.tokyo.jp

미야시타 파크 Miyashita Park

시부야역 북쪽 하라주쿠 방향에 있던 오래된 주차장(1964년 설립)이 시부야 프로젝트의 일환으로 재건되어 '미야시타 파크'로 거듭났습니다. 주차장이 들어서기 전 이곳에는 옛 미야시타 공원(1953년 설립)이 있었는데요, 도쿄 최초의 공중 공원이었다고 해요.

새롭게 태어난 미야시타 파크는 공원과 호텔, 쇼핑 시설이 함께 있는 복합문화공간입니다. 40여 개의 상점에는 유명 국내외 브랜드가 포진해 젊은이들에게 큰 인기를 얻고 있어요. 또한 나이든 세대에게는 어린 시절의 추억을 일깨우는 장소로도 사랑받고 있죠.

길게 뻗은 옥상 정원의 끝에는 미쓰이 그룹 Mitsui Group의 최신 브랜드인 '시퀀스 Sequence 호텔'이 있는데 이곳 역시 핫플레이스로 급부상했습니다. 창문에 적힌 'Hi Tokyo!'를 배경으로 찍은 사진이 SNS를 뜨겁게 장식하기도 했죠.

겨울에 미야시타 파크를 방문했을 때는 꽤 황량했지만 여름에는 이벤트가 열리고 많은 방문객들이 다양한 벤치에 앉아 휴식을 취하고 있었어요. 이제 미야시타 파크는 잠도 자고 밥도 먹고 쇼핑도 하고 즐거운 이벤트도 참여할 수 있는 최상의 장소로 사랑받고 있습니다. 일본 유명 디자이너이자 음악 프로듀서인 '후지하라 히로시'가 참여한 스타벅스도 공원의 인기 스팟 중 하나입니다.

miyashita-park.tokyo

히카리에 Hikarie

일명 여성들을 위한 백화점으로, 젊은 여성들이 좋아할 만한 것들로 가득 차있는 곳입니다. 유명하고 인기있는 리빙 브랜드, 패션 브랜드, 카페, 레스토랑, 극장 등이 입점해 있어서 일정이 짧은 여행객들에게 최적의 장소가 아닐까 싶어요. 개인적으로 자주 들르는 곳은 d47, 투데이즈 스페셜, 클라스카, 마이센(돈가스), 하브스(카페), 지하 식품매장입니다. 특히 하브스의 밀페유 케이크 Mille Crepes는 정말 빼놓을 수 없어요!

www.hikarie.jp
2 Chome-21-1 Shibuya, Shibuya City, Tokyo

시부야 파르코 Parco

새롭게 단장한 시부야 파르코는 시부야 스카이와 더불어 현재 가장 인기있는 장소 중 하나입니다. 왜냐하면 일본 최초의 닌텐도 월드, 포켓몬 플래그십 스토어와 함께 오픈을 했거든요. 물론 그 외에도 젊은층을 겨냥한 최신 브랜드, 독특하고 맛있는 레스토랑이 다양하게 입점해 있습니다.

shibuya.parco.jp
15-1 Udagawacho, Shibuya City, Tokyo

시부야 스크램블 스퀘어 Scramble Squre

히카리에 건너편에 세워진 시부야 스크램블 스퀘어는 2019년 개장하자마자 단숨에 도쿄의 랜드마크로 떠올랐습니다. 꼭대기에 있는 전망대 '시부야 스카이(높이 229m)'에서는 360도로 시내 조망이 가능합니다. 다만 저처럼 고소공포증이 있는 사람은 11층에 있는 츠타야 서점에서 느긋하게 전망을 즐기는 걸 추천해요.

shibuya-scramble-square.com
2 Chome-24-12 Shibuya, Shibuya City, Tokyo

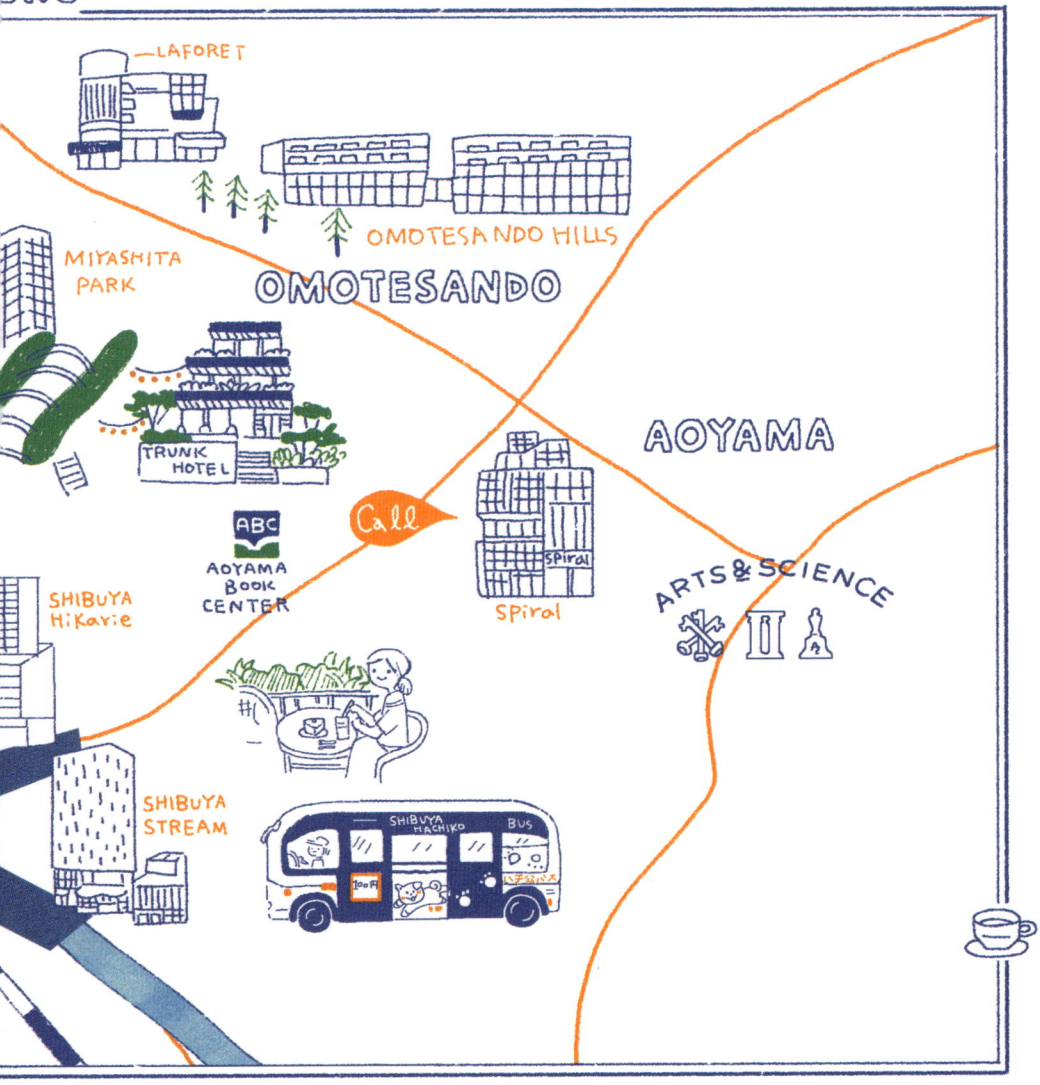

오니버스 커피 Onibus Coffee

시부야에서 강을 따라 걷다 보니 어느덧 나카메구로에 도착했습니다. 지하철 철로 앞에 위치한 작은 카페는 언제나 많은 사람들로 북적입니다. 목조 골격에 네모난 상자처럼 아담한 건물. 이이호시 유미코 잔에 담긴 따뜻한 라떼 한 잔을 들고 2층에 올라 창가에 자리를 잡아봅니다. 주기적으로 들리는 지하철 소리, 창 너머 놀이터에서 뛰노는 아이들 소리가 잠시 여행객임을 잊게 해줍니다. 고개를 돌려 위를 보니 귀여운 글씨와 일러스트가 정겹네요. 혼자 있어도 어색하지 않은 편안한 공간. 이제는 너무 유명해져서 줄도 길고 지점도 여럿 생겼지만 친절한 직원과 맛있는 커피, 정겨운 풍경은 여전한 곳입니다. 그래서 도쿄에 방문할 때면 어김없이 또 찾는 곳이기도 해요.

오니버스는 포르투갈어로 '공공버스', '만인을 위하여'라는 뜻입니다. 버스 정류장에서 이어가는 일상. 그리고 버스처럼 사람과 사람을 연결하는 일상이 담긴 커피 한 잔을 선보이고자 했답니다.

onibuscoffee.com
2 Chome-14-1 Kamimeguro, Meguro City, Tokyo

시모키타자와 Shimokitazawa
살고 싶은 동네

시모키타자와는 최근 몇 년 동안 도쿄에서 가장 빠르게 변화하고 있는 동네입니다. 오래된 역을 개조해서 '보너스 트랙'을 포함한 트렌디한 상업 시설과 무성한 녹지를 만들었어요. 옛 지상 오다큐 열차 노선이 있던 자리에는 2층 규모의 감각적인 쇼핑몰 '리로드'를 오픈했습니다. 이는 지역주민뿐 아니라 젊은 세대들에게도 큰 반향을 불러 일으켜서 이제 MZ들은 시부야에서 시모키타자와로 움직인다는 말이 있을 정도입니다.

끝날 것 같지 않던 코로나가 어느덧 잠잠해지고 도쿄 여행이 재개되었을 때 많은 사람들이 기다렸다는 듯 도쿄행 비행기에 몸을 실었습니다. 저 또한 들뜬 마음으로 아이들과 도쿄로 향했습니다.
공항에서부터 입국하려는 관광객이 넘쳐났고 오모테산도 메인 거리는 여기가 명동인지 도쿄인지 모를 정도로 한국 사람이 많았습니다. 감기 기운에 컨디션이 나빠서인지 저는 아이들과 다르게 몇 년 만에 찾은 도쿄가 예전만큼 신나지가 않았어요.

여행 넷째 날, 아이들은 자기들끼리 이케부쿠로 선샤인 시티로 놀러 간다고 해서 저는 시부야에서 게이오 이노카시라선을 타고 시모키타자와로 향했습니다. 급행을 타면 한 정거장, 약 3분 거리로 생각보다 가까이 위치해 있습니다.
예전에 시모키타자와는 빈티지 의류나 중고 물품이 유명해 보헤미안의 성지로 불렸는데(물론 저에겐 항상 포그 리넨이 1순위였던 곳입니다. 2순위는 사무라이 스프카레 :-) 최근에 많은 변화가 있다고 해서 너무 궁금했거든요.

점심을 먹고 동네를 거닐다가 리로드를 구경하는데 바로 옆에 엇비슷하게 생긴 하얀 건물이 하나 더 보였습니다. 유리문 너머 카페가 보여 라떼 한 잔을 테이크아웃해 벤치에 앉았습니다. 작은 푯말에는 '머스타드 호텔Mustard Hotel'이라고 적혀 있었습니다. 자유롭게 테라스며 계단에 앉아 담소를 나누는 사람들. 하라주쿠나 시부야와는 다른 한가함과 여유로움이 느껴졌습니다. 내가 사랑하는 예전의 도쿄를 다시 찾은 듯한 기분이 들었습니다.

머스타드 호텔 Mustard Hotel

아이들과 도쿄 여행을 마친 후 몇 달 뒤 저는 도쿄를 다시 찾았습니다. 이번에는 지인과 함께 방문했어요. 숙소는 고민할 것도 없이 시모키타자와에 위치한 머스타드 호텔.

밤에 도착한 우리는 트렁크를 끌고 조용한 솔소 공원을 지나 호텔에 들어섰습니다. 단정한 외부처럼 내부 역시 군더더기 없는 깔끔한 느낌입니다. 별다른 장식이나 인테리어가 없는 호텔이지만 충분히 편안함이 느껴졌어요. TV는 없고 대신 레코드 플레이어가 있습니다. 레코드 판은 1층에서 무료 대여가 가능한데 솔직히 아는 음악이 없어서 조금 힘이 빠졌어요. 엄청 기대했었거든요. 나가서 사오고 싶은 마음도 살짝 들었지만… 결국 휴대폰 음악으로 대체했답니다.

짐을 풀고 가까운 편의점에 간식을 구입하러 나갔습니다. 오는 길에는 조용한 산책길 벤치에 앉아 바람에 살랑거리는 나무 이파리를 바라보며 수다를 떨었어요. 덕분에 오랜만에 감성 무드 그윽한 밤을 보냈습니다.

저희 방은 2층이었는데 아침에 창문을 여니 이른 시간부터 조깅하는 사람들이 여럿 보였어요. 연이어 자전거 타는 사람, 강아지와 산책하는 사람. 그렇게 한참을 구경하다가 만약 도쿄에서 한두 달을 보낼 기회가 생긴다면 이곳, 시모키타자와에서 살고 싶다는 생각을 했습니다.

mustardhotel.com/shimokitazawa
3 Chome-9-19 Kitazawa, Setagaya City, Tokyo

아침 식사는 1층 사이드 워크 카페 Sidewalk Coffee Roasters에서 베이글 세트를 먹을 수 있습니다.

리로드 Reload

시모키타자와역 동쪽 출구 근처에는 오다큐선과 평행하게 마주한 '리로드'가 보입니다. 도심의 다른 재개발 건물은 대부분 크고 높은 반면 리로드는 낮은 2층의 단정한 하얀 건물로 이어져 있습니다. 이곳은 지상 열차가 다녔던 곳으로, 건축가 신 오호리 Shin Ohori가 옆 건물인 머스타드 호텔과 함께 설계했습니다. 카페, 레스토랑, 아트 갤러리, 잡화, 문구 등 약 23개의 다양한 독립 숍들이 입점해 있으며 사람들이 휴식을 취하고 어울릴 수 있도록 테이블과 벤치가 건물 사이사이에 흩어져 있습니다. 건물 앞 길게 뻗은 솔소 공원은 도쿄에서 조용히 긴장을 풀고 휴식에 취하기에 이상적인 장소입니다.

reload-shimokita.com
3 Chome-19-20 Kitazawa, Setagaya City, Tokyo

오가와 커피 Ogawa Coffee Laboratory
교토에서 시작된 인기 카페로, 전문적이고 디테일한 커피를 맛볼 수 있습니다. 카페라테가 인기 음료입니다.

아포테케 프라그란스 APFR Tokyo
도쿄 젊은 층의 마음을 사로잡은 일본의 유명 향수 브랜드. 고급스러운 향수, 인센스, 캔들을 만나보세요.

데스크 라보 Desk Labo
감도 좋은 다양한 문구와 잡화를 만날 수 있는 곳으로 흔하지 않은 아이템을 구입할 수 있습니다.

보너스 트랙 Bonus Track

'작은 마을의 즐거운 축제 분위기' 보너스 트랙을 방문했을 때 첫 느낌이 그랬습니다. 시모키타자와역에서 세타가야다이타역 방향으로 넓게 뚫린 산책길에는 활기찬 분위기가 물씬 풍깁니다. 리로드가 세련된 도시 편집숍 느낌이라면 보너스 트랙은 정겨운 동네 마을 같아요. 보행자 통로를 따라 늘어선 식당, 서점, 상점 등 다양한 매장들이 지역사회를 중심으로 모였습니다.

배가 고프지는 않았지만 야외 테이블에서 간단한 음식과 음료를 마시는 사람들을 보니 저도 갑자기 식욕이 생겼어요. 먹고 싶은 것이 너무 많아 어디를 갈까 고민하다가 발효 전문 식료품점과 카페를 겸한 '핫코 Hakko Department'를 선택. 닭고기와 뿌리채소 절임 덮밥 런치세트를 주문했습니다. 연일 브런치에 고기만 먹다가 오랜만에 먹는 건강한 집밥 느낌이 정말 좋았어요. 식사 후 2층 서점에서 중고책도 한 권 샀습니다. 다음에는 주말 해질녘에 야외에서 맥주 한 잔 마셔야지 다짐하며 세타가야다이타역으로 향했습니다.

bonus-track.net
2 Chome-36-12 Daita, Setagaya City, Tokyo

핫코 디파트먼트 Hakko Department
'핫코'는 일본어로 '발효'를 의미합니다. 일본 여러 지역의 발효 제품을 판매하며, 카페에서는 건강한 발효 요리를 맛볼 수 있습니다.

안돈 Andon
맛있는 주먹밥을 먹을 수 있는 캐주얼한 식음료 전문점. 아키타현의 쌀과 사케를 공수합니다. 아침 메뉴인 죽과 저녁 메뉴인 오뎅도 인기입니다.

와이 주스 Why Juice
유기농 주스 가판대. 갓 만든 신선한 쥬스를 생산하기 위해 현지 농부들에게 공급받은 제철 재료를 냉압착해 유리병에 넣어 판매합니다.

피아놀라 레코드 Pianola Records
마니아들에게 인기가 많은 작은 레코드 숍입니다. 소울, 재즈, 클래식을 기반으로 희귀하고 실험적인 음악을 담은 레코드판을 판매합니다.

보너스 트랙의 디자인을 담당한 Tsubame Architects는 2021년 Under 35 Architects Exhibition에서 Toyo Ito Award를 수상했으며, 보너스 트랙은 2020년 Local Republic Award에서 우수상을 수상했습니다.

미칸 시모키타 Mikan Shimokita

미칸은 '미완성'이라는 뜻의 '미칸세이Mikansei'의 줄임말입니다. 이 공간은 완성된 것이 아니라 앞으로도 계속해서 변모할 것이라는 의미를 담고 있습니다. 전철이 다니는 선로 아래 공간을 활용한 쇼핑센터로 1.7km 거리에 여러 곳의 상점이 있습니다. 동남아 식당을 비롯한 음식점이 주를 이루고 양쪽 끝에는 츠타야 서점과 브루클린 로스팅 컴퍼니가 위치해 있습니다. 중심에 위치한 계단에서는 다양한 이벤트를 만나볼 수 있답니다.

mikanshimokita.jp
2Chome-11-15 Kitazawa, Setagaya City, Tokyo

브루클린 로스팅 컴퍼니 Brooklyn Roasting Company

오전 8시에 오픈한 카페는 아침 식사를 하러 온 사람들로 북적입니다. 외관에서 느낄 수 있듯이 내부도 넓고 쾌적해서 편안한 시간을 즐길 수 있었어요. 에티오피아와 콜롬비아 원두로 만든 특별한 도쿄 블렌드를 포함해 다양한 원두를 맛볼 수 있어 인기가 많습니다.

brooklynroasting.jp
Mikan Shimokita B Block B101 2-6-2 Kitazawa, Setagaya-ku, Tokyo

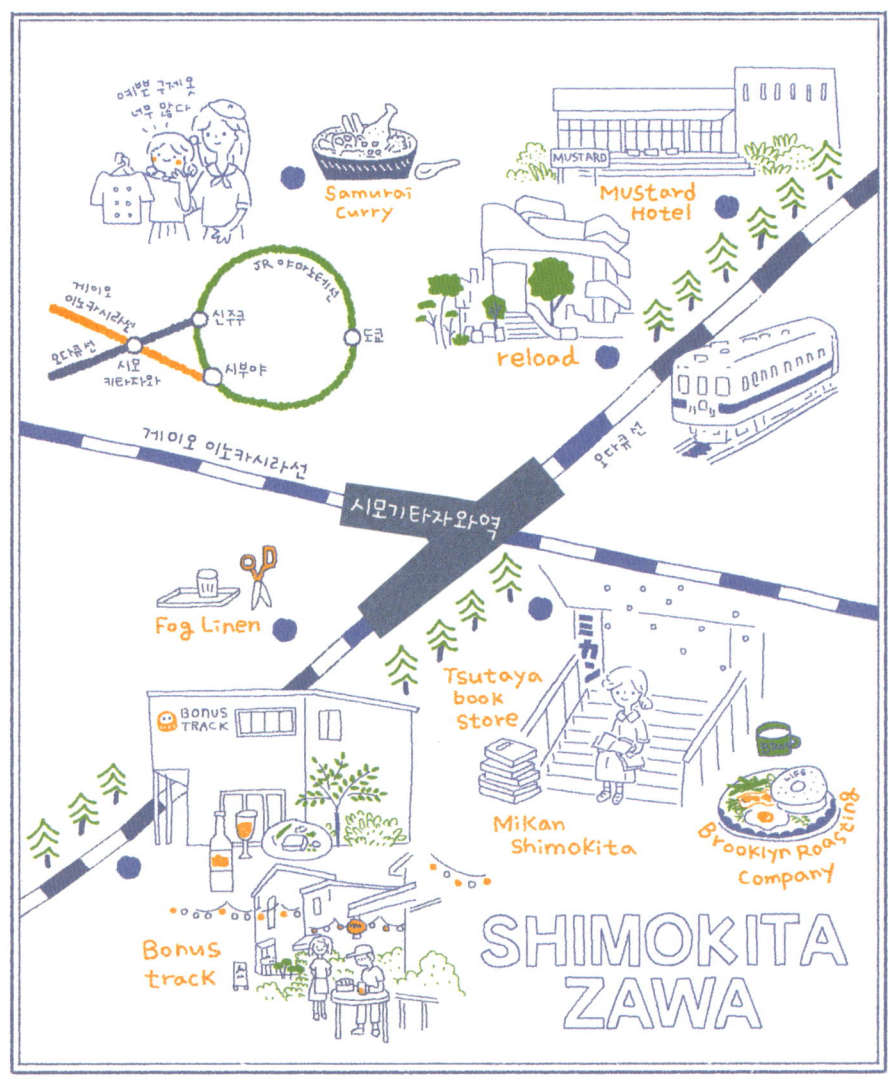

구라마에 Kuramae
도쿄의 브루클린

도쿄에 갈 때마다 빼놓지 않는 도구 거리 '갓파바시'에서 그릇 쇼핑을 마친 후에는 촉촉한 식빵을 사러 '구라마에'에 위치한 펠리칸에 들르곤 합니다. 그리고 잠시 동네 공원에서 햇볕을 쬐고 '카키모리'에서 문구 사는 것을 좋아합니다.

구라마에를 잠깐 설명하자면, 이곳은 에도 시대부터 쌀 등의 곡물 창고가 많은 지역이었습니다. 그 시절에는 쌀이 곧 돈이었기에 성공한 상인과 부유한 사람들이 많이 거주했다고 해요. 이후 곡물 창고는 쇠퇴했지만 저렴한 임대료와 정부의 지원으로 공예가와 디자이너들이 많이 유입되면서 현재는 도쿄에서 가장 트렌디한 동네가 되었습니다.

특히 '메이드 인 도쿄'가 이점인 수공예품 상점, 멋스러운 식당과 감도 높은 카페가 인기를 끌면서 '도쿄의 브루클린'이라 불리며 하루가 다르게 발전하고 있습니다.

펠리칸 Pelican

작고 특색 없는 동네 빵집 같은 외관이지만 식빵이 나오는 시간이 되면 길게 줄을 서는 구라마에 대표 노포입니다. 1942년에 창업한 펠리칸은 딱 두 종류의 빵과 롤만 만드는 것으로도 유명해요. 예약하지 않으면 구매가 힘들지만 그렇다고 포기하지는 마세요. 근처에 오픈한 펠리칸 카페가 기다리고 있습니다. 카페에서는 쫄깃한 식빵으로 만든 토스트와 후르츠 산도를 맛볼 수 있거든요.

bakerpelican.com
3 Chome–9-11, Kotobuki, Taito City, Tokyo

단델리온 초콜릿 Dandelion Chocolate
문을 여는 순간 은은한 초콜릿향이 반겨주는 카페입니다. 단델리온은 '민들레'라는 뜻으로 샌프란시스코에서 시작되었습니다. 농부 및 생산자와 협력하고 공장 현장까지 관여하여 카카오 본연의 맛을 즐길 수 있도록 노력하는 곳입니다. 초콜릿 슈, 피스타치오와 크림 브륄레를 포함한 디저트 플래터와 유러피안 핫초코가 인기입니다.

instagram.com/chigaya_kuramae
2 Chome-8-11 Torigoe, Taito City, Tokyo

엘랩 Élab
구라마에 분위기가 물씬 담긴 곳입니다. 평일 점심은 정갈한 카레와 타코 등 단품 위주이고 저녁은 세트 메뉴가 준비되어 있습니다. 인근 농장에서 농산물을 조달하고 단델리온 초콜릿의 카카오 껍질을 제공받아 재활용합니다. 레스토랑 뒤편의 리빙 랩(Living Lab)에서는 킨츠키 수업과 목공 워크숍이 진행됩니다.

lit.link/en/elab
2 Chome-2-7 Torigoe, Taito City, Tokyo

유와에루 Yuwaeru
건강한 한 끼는 몸에도 좋지만 지친 여행객의 마음에도 위안을 줍니다. 점심에는 제철 식재료를 사용한 현미 정식을, 저녁에는 청주, 민속주 등 다양한 술과 음식을 즐길 수 있습니다. 또한 전국 각지의 맛있고 몸에 좋은 상품들도 구입할 수 있습니다.

yuwaeru.co.jp
2-14-14 Kuramae, Taito City, Tokyo

모쿠바 쇼룸 Mokuba Showroom
유럽에 기반을 두고 있는 리본, 테이프 상점입니다. 루이비통, 라반, 돌체앤가바나 등 유명 브랜드의 리본 등 다양한 상품이 전시되어 있으며 미터 단위로 판매합니다. 핸드메이드를 좋아하는 분들에게 추천합니다.

4 Chome-16-8 Kuramae, Taito City, Tokyo

키치조지 Kichijoji
구구는 고양이다

입에 착 달라붙는 단어나 문장이 있습니다.

"구구는 고양이다."

오래 전에 본 영화지만 아직도 키치조지를 방문할 때면 한 번씩 입으로 내뱉곤 합니다. 우에노 주리는 유명 만화가의 어시스트로 키치조지의 선생님댁에서 생활합니다. 어느 날 선생님이 키우던 고양이가 죽고 슬픔에 빠져있을 때 운명처럼 새끼 고양이 '구구'가 나타납니다.

영화의 주된 배경은 이노카시라 공원과 키치조지의 골목골목. 마침 키치조지를 막 다녀왔던 때라 큰 딸 민소랑 영화를 보면서 "앗! 저기는 우리가 갔던 카페다! 저기는 우리가 갔던 가게다!" 하면서 즐거워했어요. 인상 깊었던 건 극중 어시스트인 남성이 여자친구를 동네에서 만나는데 그 여자친구는 다른 등장인물들과는 사뭇 다르게 화사한 화장을 하고 정성스레 차려입고 나옵니다. 그녀는 키치조지에는 처음 와본다는 말을 해요. 저는 보면서 '아! 우리나라로 치면 키치조지는 대략 홍대 분위기고 긴자는 강남 분위기겠구나' 짐작하며 웃었습니다.

이누도 잇신 감독은 학창 시절을 키치조지에서 보냈다고 해요. 그래서인지 키치조지는 단순히 영화 속 배경이 아닌 따뜻하고 묘한 매력이 있는 아름다운 공간으로 보입니다.
키치조지는 도쿄에서 가장 살기 좋은 동네로 꼽히기도 해요. 이노카시라 공원 덕분에 산책하기 좋고(고독한 미식가 '이노가시라 고로'의 이름도 여기서) 지브리 미술관도 가깝지요. 아기자기한 상점들, 세련된 편집숍, 오래된 음식점들이 어우러져 키치조지 특유의 편안함을 만듭니다. 여행은 새로운 곳을 가는 것도 좋지만 예전에 갔던 곳을 또 가는 즐거움도 그 못지 않다고 생각해요. 언제나 그 자리에 있는 키치조지의 상점과 공원은, 받을 때마다 설레고 행복한 선물 같습니다.
"키치조지, 이름도 매력적인 곳. 350년 전 무사시노 동부에 생긴 작은 동네. 경계선이 없는 이 동네는 이 분위기, 이 시간 그대로 베를린이나 파리로 이어질 것 같습니다."
- 영화 <구구는 고양이다> 중에서 -

이노카시라 공원 Inokashira Park
도쿄 도심과 가까운 이노카시라 공원에는 동물원과 놀이터 등이 있어 아이들과 어른들 모두 휴식을 취하기 좋은 장소입니다. 특히 연못의 백조 모양 보트가 인기가 많습니다. 남쪽에는 지브리 박물관이 있어 함께 방문하기에 좋습니다. 가장 인기가 많은 시기는 벚꽃이 피는 3, 4월입니다.

www.kensetsu.metro.tokyo.jp/seibuk/inokashira
1 Chome-18-31 Gotenyama, Musashino, Tokyo

마가렛 호웰 숍 & 카페 Margaret howell shop & cafe
국내에도 많은 팬을 보유하고 있는 영국 의류 브랜드입니다. 특히나 키치조지점이 압도적으로 인기가 많은데 니시 공원 앞에 위치해 카페 뷰가 무척이나 좋기 때문입니다. 한가한 동네 분위기도 좋아서 쇼핑하기도, 차 한 잔 마시기도 모두 안성맞춤인 곳입니다.

margarethowell.jp
3 Chome-7-14 Kichijoji Honcho, Musashino, Tokyo

크레용 하우스 Crayon House
46년간 오모테산도의 터줏대감으로 많은 사람들에게 사랑받았던 어린이 서점 크레용 하우스가 키치조지로 이전했습니다. 도서뿐 아니라 목재 장난감, 잡화, 오가닉 화장품, 식품을 판매하며 1층 유기농 레스토랑 런치 뷔페가 무척 맛있습니다.

crayonhouse.co.jp
2 Chome-15-6 Kichijoji Honcho, Musashino, Tokyo

당디종 베이커리 Dans Dix ans
지하에 있어서 눈에 잘 띄지 않는다고요? 고소한 빵냄새가 솔솔 풍긴다면 그곳은 당디종일 확률이 높습니다. 정갈하게 놓인 빵들은 모두 일본산 밀 100%만 사용합니다. 빵순이라면 꼭 들러야 곳입니다.

dansdixans.net
2 Chome-28-2 Kichijoji Honcho, Musashino, Tokyo

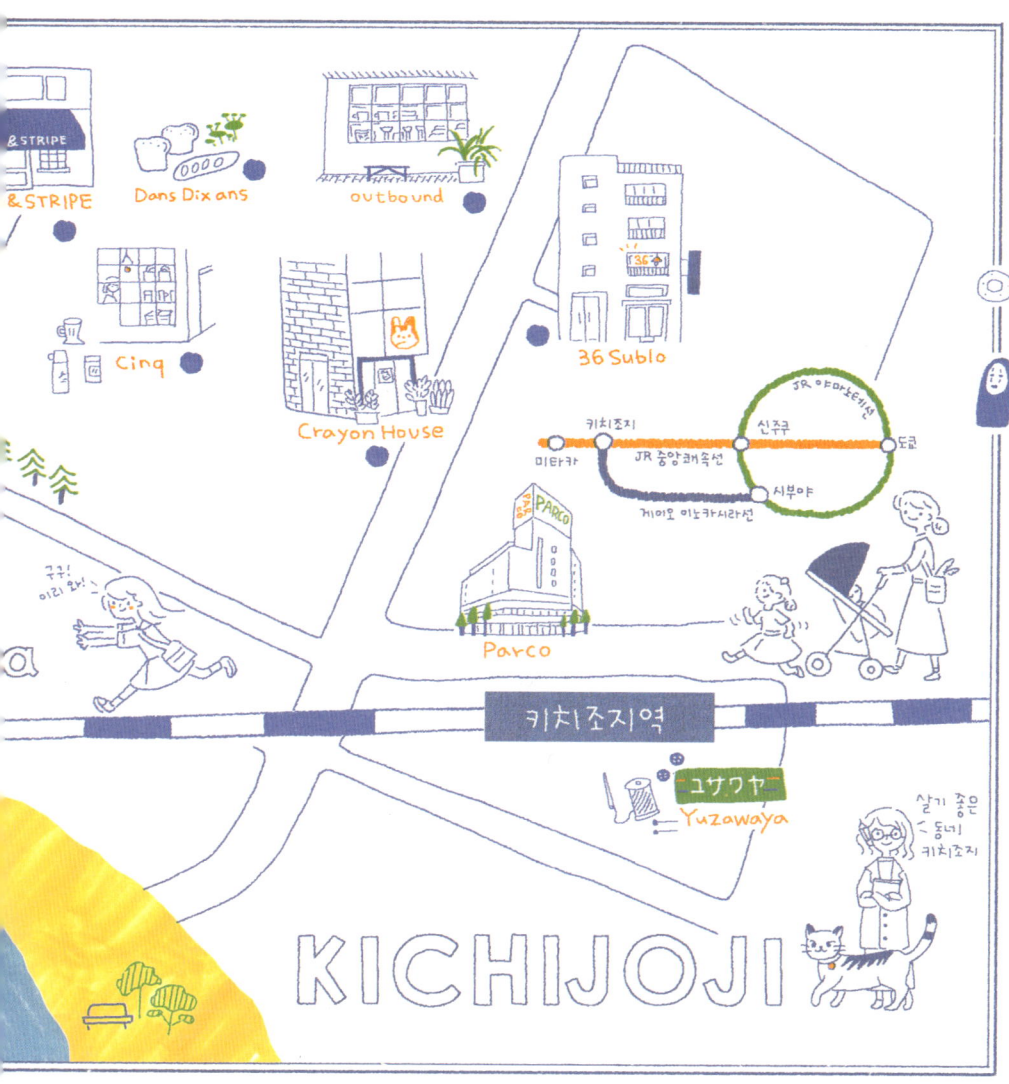

남편 선물

여보! 이걸 봐! 런웨이에서 모델이 입은 착장 그대로 사왔어

드라이클리닝 비용 아끼지 마세요!

그렇지만 며칠 후.
알뜰한 남편은 세탁기에 비싼 스웨터를 돌렸고
제멋대로 줄어든 스웨터를 다시는 입지 못했다.
이제 마가렛 호웰에서는 내 옷만 사는 걸로!

세뚜

마가렛 호웰 진안점은 시부야구에 있습니다.
1 Chome-13-8 Jinnan, Shibuya City, Tokyo

No. 42
LITTLE
DICKENS
✕✕✕✕✕✕
Chocolate-kissed Rooibos
for Children (Adults)

BELLOCQ TEA ATE

그릇과 도구 02

"이 그릇들 요즘 많이 보이던데… 예쁘네요."
"이거 우리나라에서도 판매하지만 갓파바시에 가면 훨씬 싸고 더 예쁜 것들이 많아요."
자주 가는 카페가 있는데 일본 식기를 주로 사용하더라고요. 어느 날 물어보니, 도쿄에 '갓파바시(흔히 '갓바바시'라 발음하기도 합니다)'라고 그릇을 비롯한 주방용품 상점들이 모여 있는 거리가 있는데 그릇 종류가 많고 가격도 저렴해서 일본 스타일 식당은 물론 카페를 준비하는 사람들이 많이 방문하는 곳이라고 일러주더라고요. 그렇게 해서 저도 갓파바시에 가보게 되었습니다.

처음 갓파바시에 방문했을 때는 무더운 여름이었습니다. 지인의 말처럼 한국에서 본 것과 똑같은 그릇이 몇백 엔에 판매되고 있었어요. 눈이 휘둥그레져서 이것저것 다 집어 들었어요. 여러 가게들이 줄지어 늘어서 있었는데 첫 상점에서 그만 너무 많이 사버렸습니다. 이미 가방은 무거워 어깨가 아팠지만 지금 아니면 언제 또 사냐는 생각에 에너지를 끌어모아 다음 가게에서 또 샀습니다. 그 다음 가게에서는 포장 재료도 사고 칼도 사고 가위도 샀어요. 도쿄의 여름은 항상 덥고 습하지만 그 해는 유독 더 더웠던 걸로 기억돼요. 그때는 언니와 함께 여행을 갔는데, 도쿄가 처음인 언니는 쇼핑 욕심 많은 동생을 따라다니느라 이미 넉다

운되어 피곤함을 호소했지요. 언니에게 미안한 마음에 숙소로 돌아올 때는 택시를 잡아탔습니다. 저녁에 호텔로 돌아와서 갓파바시에서 구입한 그릇들을 보니 마음이 무척이나 흡족해서 저절로 입가에 미소가 지어졌어요. 그릇을 저렴하게 구입한 가격보다 택시비의 출혈이 더 컸다는 사실만 빼면 말이죠, 하하.

마침 제가 그릇에 관심이 많다는 사실을 알고 지인이 책 한 권을 추천해줬습니다. 도쿄에 있는 그릇숍들이 가지런히 정리된 책이었어요. 다음 여행에서 저는 딸 민소와 함께 도쿄에 도착한 첫날, 다이칸야마 츠타야 서점에서 그 책을 구입했습니다. 책에 소개된 가게들은 큰 도로변보다는 골목에 위치한 곳이 많았어요. 지금은 너무나 유명해진 '도쿄의 브루클린' 구라마에 지역도 그때 처음 가보았습니다.

가장 기억에 남는 곳은 구니타치의 노란새 상점인 키로이 토리 Kiiroi tori 예요. 해가 지는 어스름한 저녁 무렵이었는데 낯선 동네라서 그런지 조금 헤맸고 문이 닫히기 직전에서야 가게에 도착했어요. 주인은 따뜻한 미소로 우리를 맞이했고 테이블로 안내하더니 차 한 잔을 내어주었습니다. 너무 늦어서 문이 닫혔으면 어쩌나 걱정했는데 뜻밖의 친절에 민소도 저도 감동. 여름이지만 오래된 2층 가게의 넓은 창으로 시원한 바람이 솔솔 불어왔습니다. 생각보다 넓었고 목재 인테리어를 기반으로 그릇만큼이나 식물들이 굉장히 많아 인상적이었어요. 그릇 셀렉션도 좋아서 가격이 저렴하지는 않았지만 고심 끝에 두 점을 구입했습니다.

만약 나도 언젠가 오프라인 숍을 연다면 이곳처럼 다정하고 포근한 느낌이면 좋겠다는 생각을 했습니다.

이이호시 유미코
Yumiko Iihoshi

단정하고 깔끔해서 우리나라에도 많은 팬들을 보유한 이이호시 유미코.
아티스트 이이호시 유미코가 디자인하고 제작한 식기 브랜드로 '핸드메이드와 제품의 경계에 있는 것'을 컨셉으로 합니다. 균일성을 위해 금형을 사용해 대량 생산하지만 그릇 뒷면 로고와 표면의 유약은 장인이 수작업으로 진행한다고 해요. 그래서인지 대량 생산된 도자기에서는 볼 수 없는 따뜻함이 느껴지는 것이 특징입니다.
처음 이이호시 유미코를 만난 건 오래 전 삿포로의 편집숍 '사비타'에서였어요. 비전형적인 윗면의 높이와 질감이 독특한 '엉 주흐 보울 Un Jour Bowl'이 저의 첫 유미코 그릇이었습니다. 그리고 도쿄에 갈 때마다 기념으로 하나둘 사 모았습니다.
올여름 몇 년 만에 다이칸야마 골목에 새로 오픈한 숍을 방문했어요. 들어서자마자 의자로 안내하더니 시원한 차 한 잔을 내주더군요. 하라주쿠에 이어 오모테산도 숍까지 모두 방문한 팬이라고 말하니 직원은 연신 고맙다고 했습니다. 우리 일행이 사라질 때까지 입구에 서서 손을 흔들어 주는 친절함까지….
이이호시 유미코는 그릇만 놓고 보아도 예쁘지만 음식을 담으면 더 예쁜 그릇으로 유명합니다. 다른 브랜드와 콜라보도 활발해서 체크앤스트라이프, 수프 스톡 도쿄, 마코토 가고시마 등과 협업했습니다. 포장 상자도 인상적인데, 도톰한 종이를 접어 스테이플러로 똑딱 박는 간단함. 거기에 브랜드명이 도장 찍힌 원단 태그로 포인트를 주었습니다. 딱, 유미코다워요.

y-iihoshi-p.shop-pro.jp
6-6 SPT 1-A Daikanyamacho, Shibuya City, Tokyo

실용성과 편리함까지 갖춘 이이호시 유미코. 대부분 식기세척기와 전자레인지 사용이 가능합니다.

마코토 가고시마와 협업한 접시들.

본보야지와 토리 시리즈는 인스타를 통해 엄청난 인기템으로 자리 잡았죠.

갓파바시 도구 거리
Kappabashi Dogugai

주방에 관련된 모든 것을 판매하는 도구 거리로, 길이가 800m 정도 되고 상점은 약 170개 정도입니다. 가정에서 사용하는 그릇이나 칼 등도 있지만 카페, 레스토랑용 가구, 오븐 및 장식 등도 판매합니다. 우에노와 아사쿠사 사이에 위치하기 때문에 센소지, 우에노 공원과 함께 일정을 짜서 관광하기에 좋습니다. 가장 인기 있는 품목은 그릇, 칼, 수제 젓가락입니다.

kappabashi.or.jp
3 Chome-18-2 Matsugaya, Taito City, Tokyo

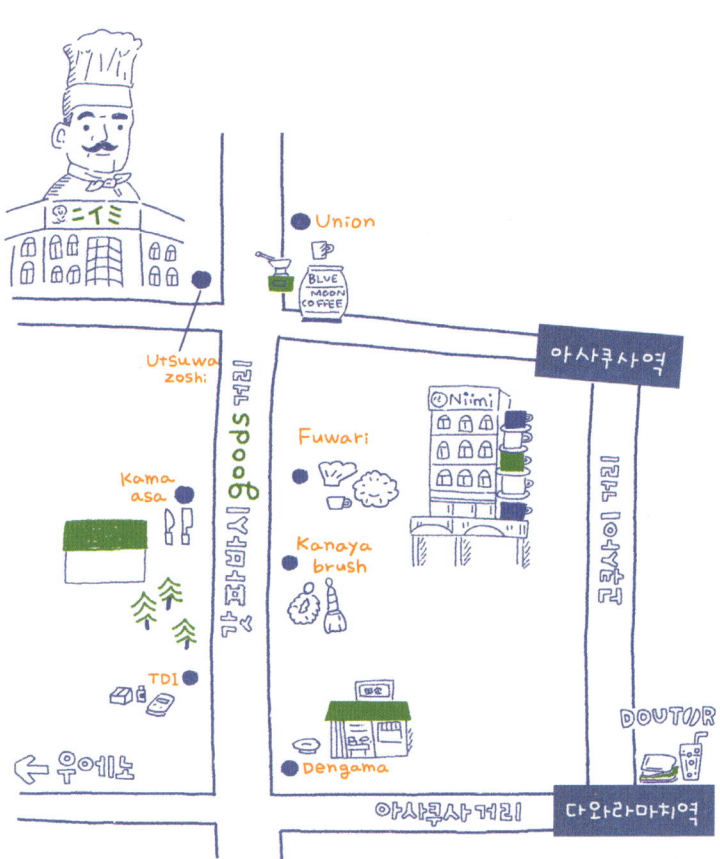

카마아사 Kamaasa

일본 칼은 훌륭한 장인 정신으로 세계 최고 수준의 주방 제품으로 알려져 있습니다. 그래서 영화 <킬빌>에서 우마 서먼도 핫토리 한조의 칼을 찾으러 갔나 봐요. 세계 각지의 셰프들이 칼을 구입하러 이곳에 올 정도라고 하네요. 1908년 문을 연 카마아사는 80여 가지의 칼과 철기, 최상급 프라이팬을 취급합니다. 또한 칼을 구입하면 무료로 손잡이에 각인 서비스를 받을 수 있으니 실용적인 면은 물론 기념품으로도 추천합니다. 현재 도쿄에 이어 파리 매장도 운영 중입니다.

kama-asa.co.jp/en
2 Chome-24-1 Matsugaya, Taito City, Tokyo

카나야 브러시 Kanaya Brush

우리가 사용하는 브러시의 종류는 얼마나 될까요? 카나야 브러시에서는 흔히 생각하는 청소용 브러시뿐 아니라 칫솔, 바디 브러시, 주방 수세미, 애완동물용 칫솔에 이르기까지 다양한 브러시를 만날 수 있습니다. <마녀 배달부 키키>에 나올 것 같은 긴 빗자루도 있고 작고 귀여운 꼬마 빗자루도 있어요. 특히 전문적이고 독특한 브러시들이 많아서 구경하는 재미가 쏠쏠해요. 이곳의 브러시는 대부분 천연모로, 역사가 있는 장인의 가게입니다.

kanaya-brush.com
1 Chome-5-9 Nishiasakusa, Taito City, Tokyo

우츠와조시 Utsuwazoshi

일본 잡지를 보면 타원형의 나무 도시락에 곱고 아기자기한 밥이 담긴 사진이 많죠. 그런 나무 도시락을 찾고 있다면 우츠와조시로 가보세요. 일본 전통 목공예 용품을 전문으로 판매하는 곳입니다. 작은 상점 안으로 들어가면 그릇, 쟁반, 숟가락, 젓가락에 이르기까지 온갖 나무 용품을 만날 수 있어요. 특히 나무 도시락 상자가 유명해요. 가격은 2,000~4,000엔 정도입니다.

r.goope.jp/utuwa
3-1-16 Matsugaya, Taito City, Tokyo

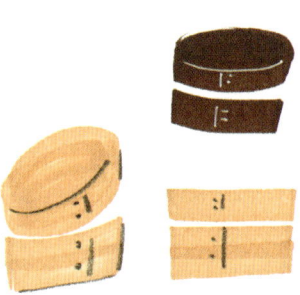

키친월드 티디아이 Kitchen World TDI

전통시장보다 마트를 더 편하게 느끼는 사람은 TDI를 좋아할 거예요. 주방용품 백화점 같은 곳이거든요. 넓고 카트가 있고 엘리베이터도 있어 쇼핑하기 편리하답니다.

kwtdi.com
SPK 1 Chome-9-12 Matsugaya, Taito City, Tokyo

유니온 Union

작은 골목을 사이에 두고 커피 원두 전문점과 용품점이 마주보고 있습니다. 다양한 커피 원두(하와이산 코나와 같은 스페셜티 커피 포함)를 보유하고 있고 퀄리티가 높아 커피 애호가들에게 인기가 많은 곳입니다.

3 Chome-7-3 Nishiasakusa, Taito City, Tokyo

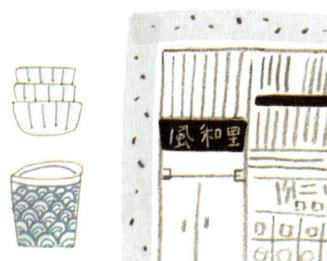

후와리 Fuwari

홈카페에 유용한 그릇을 찾는 분이라면 다양한 일본 식기를 만나볼 수 있는 후와리를 추천해요. 지하에는 스튜디오 엠 제품을 비롯한 다양한 색상과 패턴의 그릇과 컵이 있고 1, 2층에서는 일본 전통 식기와 소품을 만날 수 있답니다.

www.kwtdi.com/fuwari.html
2 Chome-6-6 Nishiasakusa, Taito City, Tokyo

덴가마 Dengama

다와리마치역 방향 갓파바시 초입에 위치합니다. 입구에는 예쁘고 저렴한 그릇들이 많고 내부에는 좀 더 고급스러운 토기와 식기 브랜드인 비젠, 시가라키, 아리타, 에치젠 등이 있습니다.

dengama.jp
1-4-3 Nishiasakusa, Taito City, Tokyo

코호로

Kohoro

후타코타마가와의 골목에 위치한 하얀 2층집. 그 1층에 위치한 코호로는 일본 민예 식기와 현대 작가의 작품들이 두루 있는 편집숍입니다. 크지 않은 공간이지만 셀렉션과 디스플레이가 예뻐서 꼭 한두 개씩 구입하게 되더라고요. 매달 새로운 작가의 기획전이 열리는 것도 매력입니다.

kohoro.jp
3 Chome-12-11 1F Tamagawa, Setagaya City, Tokyo

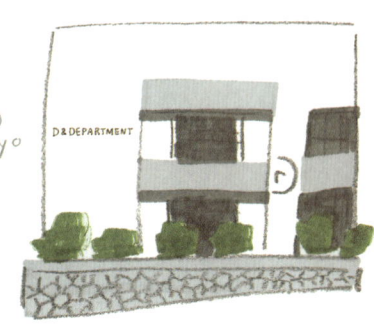

60 비전
1960년대에 사랑받은 일본 기업 제품을 복각, 리브랜딩, 재판매하는 프로젝트. 2002년에 시작되어 현재까지 12개 업체가 참여하고 있습니다. 대표적으로 가리모쿠 가구가 있습니다.

독창적인 제품 개발
일본 현지, 산지에 계승해야 할 문화, 기술을 접목한 제품을 계승, 개발해 소개하고 있습니다.

디앤디파트먼트
D&Department

나가오카 겐메이가 창업한, 특별하고 이색적인 편집숍 '디앤디파트먼트'는 한국에도 많이 알려져 있지요. '디자인하지 않는 디자이너'로 알려진 나가오카 겐메이는 새로운 디자인으로 물건을 생산하는 것보다 오랜 시간 이어져 내려온 훌륭한 물건을 적정 가격으로 소개, 판매하는 것을 지향합니다. 그래서 디앤디파트먼트의 모토는 '롱 라이프 디자인(Long Life Design)'입니다.

제품을 선택할 때는 해당 지역의 산업에 도움이 되는지를 살피고 지역 민예품을 중심으로 합니다. 그의 철학은 많은 이들에게 지지를 받았고 홋카이도를 시작으로 현재 14개 매장이 운영되고 있습니다(우리나라에는 서울과 제주에 있죠).

디앤디파트먼트에서 처음 구입한 그릇은 홋카이도 아사히카와 나무로 만들어진 컵과 그릇들이었습니다. 만듦새와 디자인이 예뻐서 10년째 애용하고 있어요. 도쿄 본점은 접근성이 좋지 않은 편이지만, 대신 시부야 히카리에 8층 매장은 쉽게 찾아갈 수 있어요. d47 뮤지엄과 트래블 스토어, 쇼쿠도(식당)도 함께 있습니다.

d-department.com
8F, 2 Chome-21-1 Shibuya, Shibuya City, Tokyo

키로이 토리

kiiroi tori

구니타치 역에서 선로를 따라 걷다 보면 만날 수 있는 작은 가게입니다. 외부 계단으로 2층에 오르면 작은 나무 간판에 그려진 작은 새가 보입니다. 오너인 다카하시 씨는 나고야 도예학교를 졸업한 후 이곳에 그릇 가게를 오픈했습니다. 원래는 그릇을 중심으로 판매했지만 현재는 생활을 더 즐겁게 해주는 핸드메이드 아이템을 늘리고 있습니다. 그녀는 셀렉션에 대해 "직감에 따라 선택한다"고 말합니다.

kiiroi-tori.com
1 Chome-12-2 Kita, Kunitachi, Tokyo

싱크 플러스
CINQ Plus

오랫동안 키치조지를 지키고 있는 북유럽 도구숍입니다. 아이가 어렸을 때 함께 방문했는데 아직도 있어서 무척이나 반가웠습니다. 코로나 팬데믹 이후 많은 숍들이 축소되거나 사라져서 아쉬웠거든요. 또 다른 편집숍 '사무엘 왈츠'의 오너와 부부 사이입니다. 사무엘 왈츠가 기능적이며 독특한 빈티지 느낌이라면 '싱크 플러스'는 여성들이 좋아할 만한 그릇과 생활도구가 중심입니다. 그래서인지 방문할 때마다 다른 숍에 비해 손님들이 많이 있습니다. 아라비아 핀란드, 마리메꼬 등 익숙한 브랜드가 많고 가격대도 폭넓은 것이 장점입니다.

사무엘 왈츠는 키치조지에서 시부야로 이전했다가 현재는 온라인 숍만 운영중입니다.

cinq-design.com / samlwaltz.com
2 Chome-28-3 Kichijoji Honcho, Musashino, Tokyo

슈로
Syuro

'이 근처 어디인 것 같은데…'
지도만 보면서 숍을 찾는 것은 너무 어려웠습니다. 마침 아이와 함께 있는 젊은 엄마에게 지도를 보여주며 도움을 청했어요. 선한 인상의 그녀는 "잠깐만 기다리라"며 근처를 탐색하더니 어느 순간 사라져버렸습니다. '어머나… 아이를 놔두고 어디를 가셨지? 우리가 나쁜 사람이면 어쩌려고?'
일본 잡지에 나올 것만 같은 예쁜 남자아이는 낯선 우리를 보고도 울지 않았어요. "몇 살이냐"고 물으니 손가락을 네 개 펼쳤는데 너무 귀여운 거예요. 아이를 보며 감탄하고 있을 때 아이 엄마는 찾았다며 우리를 가게 앞까지 안내해 주었습니다.
그날의 따뜻한 친절 덕분인지 '슈로'에 방문할 때면 당시의 기억이 떠올라 기분이 좋아집니다. 오래된 주택가 골목과 입구에 들어설 때의 감정들이 모두 한데 어우러 슈로의 분위기를 만듭니다. 창고를 개조한 듯 보이는 높은 층고의 네모난 숍에는 질감 좋은 그릇과 소품이 단정하게 전시되어 있습니다. 장인의 모노츠쿠리(혼신의 힘을 쏟아 정교하게 만드는 것) 정신을 이어가는 제품을 소개하기 때문에 다소 가격대는 높지만 오래도록 사용할 수 있다는 장점이 있습니다.

syuro.co.jp
1 Chome-16-5 Torigoe, Taito City, Tokyo

"보이지 않는 것에서 가치를 찾는 것."
식탁 위의 접시 하나만으로도 맛있는 식사를 더 풍성하게 만들 수 있고, 편안한 수건을 사용하면서 친절함을 느낄 수 있고, 보이지 않는 부분에서 가치를 찾음으로써 감정과 생각의 보이지 않는 부분을 키울 수 있다고 슈로는 말합니다.

멸치에 진심

나카메구로의 편집숍, SML
1 Chome-15-1 Aobadai,
Meguro City, Tokyo

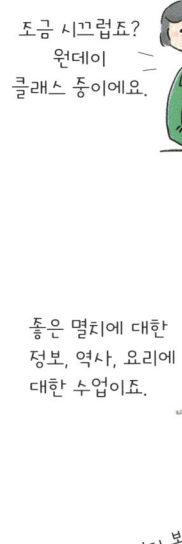
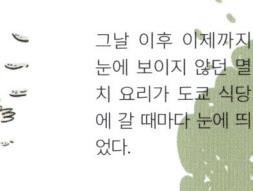

지유가오카 카페

무지밀 카페 큰 멸치 반찬

영화 <바닷마을 다이어리> 덕분에 우리나라에서도 유명해진 멸치 덮밥(시라스동). 가마쿠라의 명물이다.

투데이즈 스페셜에서 가져온 멸치 레시피

다용도로 쓰임새 좋은
작은 그릇은
사무엘 왈츠.

1인용 티팟.
화이트와 블랙 중
블랙으로 구입.
덕분에 티팟에
색이 물들지 않아서
관리가 쉬워요.
이이호시 유미코 제품.

무채색 테이블 웨어는 힘주어 차리지 않아도
은근 세련되어 보이는 것.

돌로 만든 듯한
촉감과 문양의
물컵.
코호로에서 구입.

단정하면서 세련된
블랙 사각 접시는
코호로.
동양 음식, 서양 음식
모두 잘 어울려요.

북해도산 나무로
만든 식기들은
모두 디앤디파트먼트
제품(세척에 주의).

리넨 코팅이 된
사각 트레이는 포그 리넨 제품.

태백산

무엇을 담더라도
무조건 예뻐보이는
미나 페르호넨 볼.
(110페이지)

인도 목판 인쇄 패브릭.
마코토 가고시마.

독특한 디자인의
머그컵은 --->
로스트 앤 파운드
97페이지

이이호시 유미코 x 마코토 가고시마가
콜라보한 접시들.

티매트.

도쿄뿐 아니라 세계적으로
유명한 포슬린 작가 마코토 가고시마.
가능하면 많이 모으고 싶은 1순위.

But
비싸요ㅠ

남부철기 티팟과 스튜디오엠 접시는
모두 갓파바시에서 구입.

Italian Artisan Technology

Four generations of master artisans who longer strive for authentic beauty that can be seen in every detail.

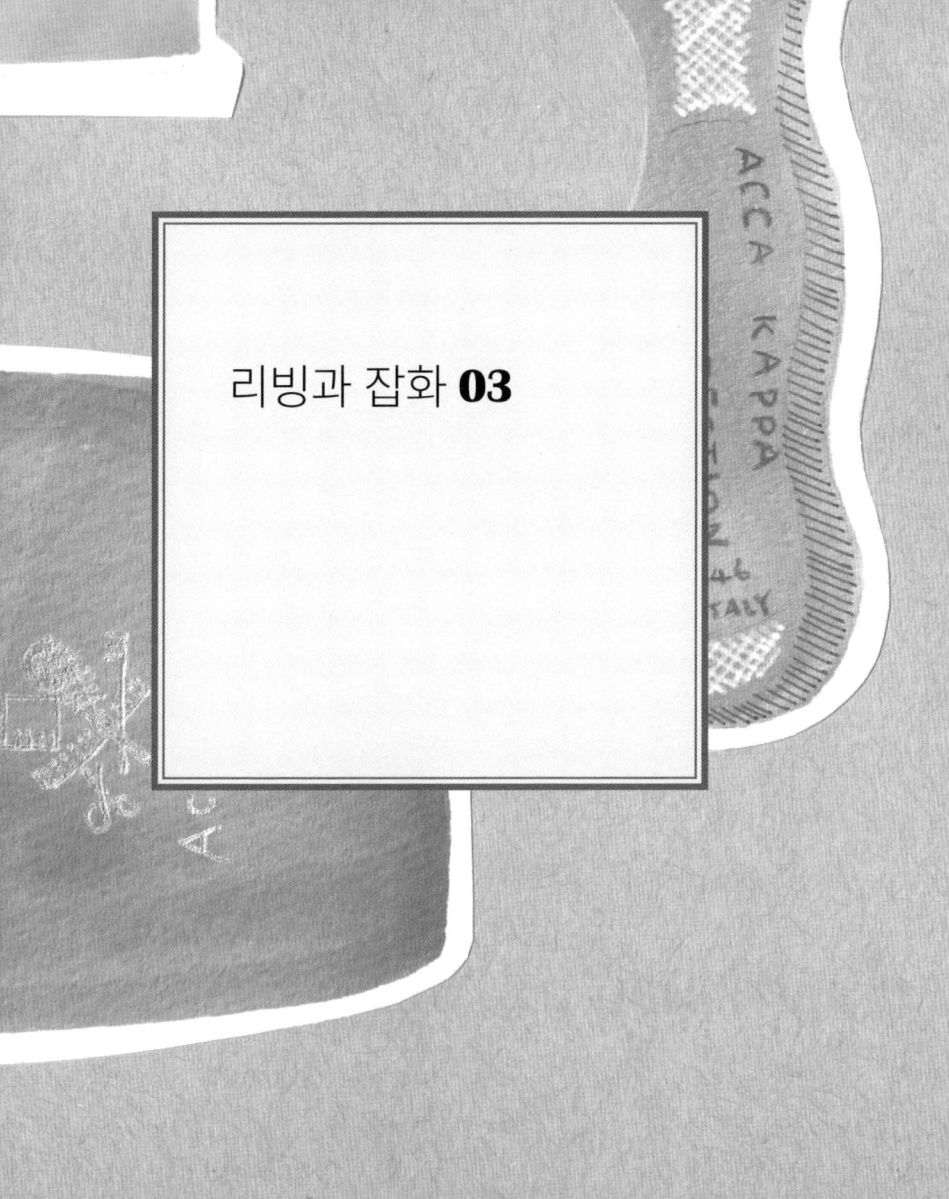

리빙과 잡화 03

> 육아의 명약

중고등학교 때는 유독 가정, 가사 과목을 싫어했습니다.
가장 큰 이유는 여자들만 밥하고 반찬하고 집안일 하는 것을 배우는 것에 대한 반감때문이었습니다. 여자는 필수로 해야한다는 그 사회적 당위성이 싫었던 것 같아요. 사실 집에서도 엄마보다는 아빠가 더 꼼꼼하셔서 양말에 구멍이 나면 주로 아빠가 꿰매주셨거든요. '여자들은 집에서 밥하고 바느질하는 존재입니까? 그게 여자들만의 일입니까?'라는 반항심도 한몫했습니다. 그래서인지 자라면서도 집안일에는 별로 관심이 없었고 엄마도 시키지 않으셨어요. 결혼 후에도 운이 좋아서인지 시댁에 제사와 행사는 많았지만 다른 어르신들이 모두 알아서 하시고 저는 주로 설거지만 담당했습니다.

하지만! 아이가 태어나고 엄마가 되니 살림은 피할 수 없는 숙명이 되었습니다. 나는 대충 먹어도 아이는 맛있고 좋은 것을 먹여야 하잖아요. 어쩔 수 없이 문화센터에 나가 요리 수업, 베이킹 수업을 들었지만 솔직히 흥미가 생기지는 않았어요. 그렇게 의욕 없고 힘든 육아에 지칠 때쯤 스스로 처방전을 내렸는데 그건 바로 도쿄 리빙숍이었습니다. 이때부터였나 봅니다. 스스로 무언가를 만들면서 자족하기 시작한 때가. 처음엔 캐릭터 주먹밥 용품들부터 시작했어요. 소풍갈 때 도시락을 꾸며주기 매우 좋거든요. 그리고 자잘한 집게부터 가위, 컵, 그릇까지 도쿄에는 아기자기한 것부터 단아하며 우아한 것까지 종류와 가격대가 다양했거든요. 그렇게 쇼핑 리스트를 처방전 삼으며 저의 핸드메이드 라이프가 시작되었습니다. 도쿄 리빙숍은 엄마로서 저의 지위와 품위를 유지시켜준 오랜 명약이랍니다.

선물 뭐 사올 거야?

엄마!
해리포터 인형이랑 부엉이 인형이
둘 다 있으면 둘 다 사오고
해리포터 인형만 있으면 해리포터 인형만
사오고 부엉이 인형만 있으면 사오지 말고
미니언즈 인형을 사와.
미니언즈 인형이 없으면 내가 좋아할 만한
예쁜 인형을 사와! 꼭! 알았지?

생리대도 품질이 좋으니까
꼭 사오고! 많이!
한 박스!
양말!
바나나피쉬 굿즈!
에반게리온 굿즈!
드로잉 북!
물감!

참! 볼펜! 컵라면!
그런데 나 검색 좀 하고
또 말해도 돼?

안 들려~
안 들려~

카시카

Casica

커다란 목재 창고를 개조해서 만든 편집숍이 있다는 말을 듣고 오픈 시간에 맞춰 찾아갔습니다. 바로 카시카입니다. '카시카'는 '가시화'라는 뜻으로, '생활의 시간과 공간을 시각화한다'는 의미라고 해요.

도쿄 중심가와는 다소 거리가 있는 신키바역에 내려 큰길을 따라 조금 걸으니 커다란 창고 같은 건물이 보였어요. 다가가니 멀리서 보았던 것과는 사뭇 다르게 초록 식물과 담쟁이 넝쿨에 둘러싸인 따뜻한 분위기가 물씬 풍깁니다. 입구에는 '카시카 그린'이라는 식물 가게와 카페 '아르케'가 있습니다.

카페에서는 약용, 한약재가 포함된 계절 재료 식사와 디저트를 먹을 수 있어요. 마침 허기졌던 터라 <킨포크>에 나올 법한 테이블에 앉아 식사부터 했습니다. 건강한 맛의 카레도 좋았고 약사들의 가운을 모티프로 만든 유니폼도 예뻤어요. 판매한다면 한 벌 구입하고 싶었답니다.

카시카가 위치하는 신키바 지역은 1969년 목장에 있던 재목상들이 이전하기 위해 만든 인공적인 매립지였습니다. 태생부터 나무와 인연이 깊었던 곳이죠. 그래서 카시카 역시 목재 창고를 개조하고 목재를 모티프로 큐레이션해 시간을 덧입힌 공간을 완성했습니다.

도쿄에는 의외로 공간이 커다란 숍을 찾기 힘든데 카시카는 그런 점에서 차별점이 있고 매력적이었어요. 감도 높은 브랜드도 많았고요. 그중 가장 인상적인 건 에도, 메이지, 다이쇼 시대의 오래된 가구와 골동품입니다. 일본에 거주한다면 꼭 구매하고픈 가구들이 정말 많았습니다. '낡은 것을 소중히 여기고 싶은 마음'이 카시카의 컨셉입니다.

casica.tokyo
1 Chome-4-6 Shinkiba, Koto City, Tokyo

시보네
Cibone

도쿄 리빙 편집숍을 말하면서 '시보네'를 빼놓을 수는 없어요. 시보네는 2004년 지유가오카에 처음 오픈하자마자 일본의 라이프스타일을 선도하는 브랜드가 되었습니다. 그 시절 도쿄를 여행하는 사람들에게 시보네는 가장 트렌디한 장소 중 하나였죠. 멋진 가구들을 보며 레퍼런스를 모으고 품질 좋은 북유럽 잡화를 하나씩 구입하는 것이 큰 즐거움이었습니다.

시보네는 상품과 정보가 넘쳐나는 요즘 같은 시대에 긴 시간 곁에 둘 수 있는 사물, 언제까지나 사랑받을 수 있고 오랫동안 함께 할 수 있는 제품을 지향합니다. 그래서인지 패션, 가구, 식기, 침구뿐 아니라 예술 작품, 보석까지 다양한 라이프스타일 상품을 판매하고 있습니다.

현재 아오야마에 이어 오모테산도로 이전했는데 헤이HAY와 함께 방문하기에 좋습니다. 매장에서는 전시회와 팝업 부티크 등 이벤트가 부정기적으로 열리며 2022년에는 뉴욕 브루클린에도 지점을 오픈했습니다.

cibone.com
5 Chome-10-1 GYRE B1F, Jingumae, Shibuya City, Tokyo

"미래의 골동품,
　　미래의 클래식."

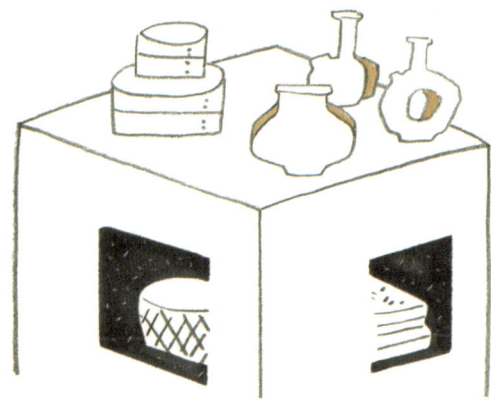

투데이즈 스페셜
Today's Special

요리나 인테리어에 관심이 없는 사람이라도 '투데이즈 스페셜'에서는 빈 손으로 나오기가 정말 힘듭니다. 투데이즈 스페셜은 시보네가 10주년을 맞이해 런칭한 세컨드 브랜드입니다.

앞서 소개한 카시카나 슈로도 좋지만 가격대가 높아 머뭇거리게 되는 반면 투데이즈 스페셜은 한층 문턱이 낮은 것이 장점이에요. 들어서자마자 온통 눈길이 가는, 예쁜 디자인의 주방 도구와 양념, 유기농 재료들이 한가득입니다. 그중에서도 제가 빼놓지 않고 매번 구입하는 건 수입 사탕과 과자들. 맛도 좋지만 패키지가 예뻐서 선물용으로 좋더라고요. 가장 인기있는 제품은 계절에 따라 말린 국수, 스프, 카레 페이스트라고 해요.

투데이즈 스페셜의 테마는 '음식과 생활 DIY'이며 '오늘을 특별하게 만드는 발견'과 '계절 선물을 주는 기쁨'을 제안합니다. 시부야, 신주쿠, 히비야, 지유가오카에 매장이 있는데 개인적으로는 비교적 최근에 오픈한 에비스점을 가장 좋아합니다. 언제나 행복한 선택 장애를 겪고 오는 곳, 투데이즈 스페셜입니다.

todaysspecial.jp
2 Chome-17-8, Jiyugaoka, Meguro City, Tokyo
4 Chome-20-7 B1, Ebisu, Shibuya City, Tokyo

"매일매일의 일상생활을 중요시하는 사람에게 오늘이 특별한 날이 될 수 있도록, 혹은 특별한 날의 발견."

덜튼
Dulton

세련된 철물점 컨셉의 생활용품점입니다. 접근성은 시부야 진안점과 지유가오카점이 용이합니다. 둘 중에서 고르라면 규모가 조금이라도 큰 지유가오카점을 추천해요. 4층으로 된 단독 건물에 들어서면 "자! 이제 보물 찾기를 시작합니다! 요이똥!"을 외쳐야 할 것만 같아요. Garage, D.I.Y, Kitchen, Garden을 바탕으로 빈티지스러운 가구와 잡화가 가득합니다. 다른 잡화점은 여성 고객층이 많은 반면 '덜튼'은 남성도 즐길 수 있는 잡화들이 많다는 것도 특징입니다.

1층에서 2층으로 올라가는 계단층에 쌓여있는 휴 북스 HUE BOOKS의 오래된 영미권 책들은 인테리어 소품으로 인기가 많습니다. 3층에는 스낵바를 겸비한 귀여운 카페와 테라스가 있어 잠시 쉬어가기에도 적당해요. 5,000엔 이상 구매하면 무료배송을 해주니, 일정이 넉넉할 경우 숙소로 배달받는 것도 좋은 방법입니다.

www.dulton.jp
2 Chome-25-14 Midorigaoka, Meguro City, Tokyo

"유용하지 않을지도 모르지만
마음에 풍요로움을 느낄 수 있는 물건들."

피.에프.에스
P.F.S

반짝반짝 빛나는 전구가 달린 외관이 멀리서만 봐도 설레는 곳. 디자인은 다르지만 덜튼처럼 미국 감성 가득한 철물, 잡화점입니다. 가구점과 도구점이 그리 멀리 않는 곳에 위치하고 있습니다. 가장 인기 있는 품목은 레트로 스타일의 스위치인데 저도 이사할 때 여러 곳에 시공을 했던 제품입니다. 국내에도 수입이 되고 있지만 본점이 더 저렴하고 선택의 폭이 넓답니다. P.F.S 한정 의류도 매진율이 아주 높은 제품 중 하나예요. 공간을 새로 꾸미거나 인테리어할 계획이 있다면 꼭 한번 방문해보시길 권합니다. 에비스에 위치하고 근처에 다른 잡화점과 그릇가게도 있으니 두루두루 둘러보면 좋을 것 같아요.

pfsonline.jp
1 Chome-17-5 Ebisuminami, Shibuya City, Tokyo

클라스카 갤러리 & 숍 "DO"
Claska Gallery & Shop "DO"

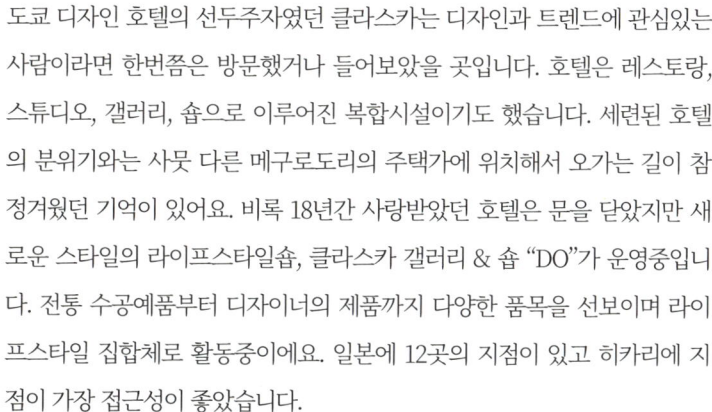

도쿄 디자인 호텔의 선두주자였던 클라스카는 디자인과 트렌드에 관심있는 사람이라면 한번쯤은 방문했거나 들어보았을 곳입니다. 호텔은 레스토랑, 스튜디오, 갤러리, 숍으로 이루어진 복합시설이기도 했습니다. 세련된 호텔의 분위기와는 사뭇 다른 메구로도리의 주택가에 위치해서 오가는 길이 참 정겨웠던 기억이 있어요. 비록 18년간 사랑받았던 호텔은 문을 닫았지만 새로운 스타일의 라이프스타일숍, 클라스카 갤러리 & 숍 "DO"가 운영중입니다. 전통 수공예품부터 디자이너의 제품까지 다양한 품목을 선보이며 라이프스타일 집합체로 활동중이에요. 일본에 12곳의 지점이 있고 히카리에 지점이 가장 접근성이 좋았습니다.

claska.com
1 Chome-17-5 Shibuya City, Tokyo

클라스카가 사랑하는 예술가, 필립 바이스베커Philippe Weisbecker. 갤러리에서 여러 번 전시를 했고 클라스카의 명함과 쇼핑백에 그려진 이미지도 필립 바이스베커의 드로잉입니다.

무지
Muji

도쿄 여행을 함께한 오랜 친구 같은 무지.

한동안 '무지'에서 모든 것을 해결하던 때가 있었습니다. 도쿄 도착 첫날 저녁은 무조건 시부야 무지로 향했어요. 화장품부터 속옷, 겉옷까지 구입해서 여행 중에 사용하고, 무지밀 카페에서 집밥 같은 식사를 하고, 그날 저녁에 먹을 술안주도 샀어요. 다음 날은 아오야마 파운드 무지에 방문해서 장인의 숨결이 느껴지는 고운 그릇을 사고, 여행 중반에 다시 한번 들러서 남편 선물도 해결을 했습니다.

단순하면서 세련된 디자인, 합리적인 가격으로 대부분 사람들에게 호불호가 없는 국민 브랜드라 할 수 있습니다. 다만 비슷한 브랜드가 많이 생기고 저렴한 다이소의 약진으로 예전에 비해 인기는 조금 시들해졌습니다.

도쿄 전역에 매장은 많이 있지만 가장 추천하는 곳은 긴자점입니다. '무지 월드'라 해도 무방할 정도로 거대해요. 긴자 플래그십 스토어에서는 무지의 모든 제품을 만날 수 있습니다. 6층 무지 호텔과 아뜰리에를 비롯해, 1층 전문 차 블렌딩 스테이션과 베이커리, 지하의 무지 디너도 오직 긴자점에서만 만나볼 수 있습니다.

www.muji.com
3 Chome-3-5 - Ginza, Chuo City, Tokyo

무지 시부야점.
2층 카페 창가 자리는
항상 인기가 많아요.

무지 긴자점.
가장 큰 규모의 플래그십 스토어로 호텔, 갤러리, 식당, 베이커리 인기가 높아요.

아웃바운드 / 라운드어바웃
Outbound / Roundabout

"사람들은 기능만으로는 살 수 없습니다.
우리가 매일 만지고 보는 일상용품은
우리의 삶을 형성하는 중요한 요소입니다."

오래된 테라코타 화병처럼 보이는 오브제가 가장 먼저 눈에 들어왔습니다. 입으면 예술가처럼 보일 듯한 옷도 사고 싶었고요. 다른 곳에서는 보기 힘든 물건들이 '아웃바운드'에 있었습니다. 가격은 비싸지만 하나 정도 사고 싶은 물건들이 곳곳에 보였습니다.

이곳의 오너 고바야시 가즈토는 어린 시절을 호주와 싱가포르에서 보내고 타마 미대를 졸업한 후 도구 상점인 '라운드어바웃'과 '아웃바운드'를 오픈했습니다. 라운드어바웃은 실용적인 물건들이 많고, 아웃바운드는 하나쯤 소장하고픈 오브제 위주로 구성되어 있습니다.

"물건의 기능성과 편리함을 추구하다 보면 깨지지 않는 멜라민 식기와 페트병만 남게 될지도 모릅니다." 고바야시 가즈토는 제품의 기능적 성취가 반드시 풍요로움은 아닐 수도 있다고 말합니다. 그래서 추상적인 오브제와 도구를 병행하여 판매하고 있다고 합니다.

mendicus.com / 3 Chome-7-12, Uehara, Shibuya City, Tokyo
outbound.to / 2 Chome-7-4 Kichijoji Honcho, Musashino, Tokyo

로스트 앤 파운드
Lost and Found

시부야 요요기 공원 근처 토마가야에는 요즘 가장 인기있다는 푸글렌 카페를 비롯해 모노클 숍, 카멜백, 로스트 앤 파운드가 모여있어 함께 방문하기에 좋습니다.

'분실물 센터'라는 뜻의 로스트 앤 파운드는 '잊고 지냈던 소중한 것을 발견하는 곳'이라는 컨셉을 가지고 있습니다. 니가타의 오래된 도자기 브랜드 니코Nikko에서 운영하는 라이프스타일숍으로 식기뿐 아니라 다양한 리빙용품을 함께 판매하고 있습니다.

크게 두 개의 공간으로 나뉘어 있는데 전면에는 고바야시 카즈토(아웃바운드와 라운드어바웃의 오너)가 셀렉한 생활소품과 리빙용품이, 뒤쪽에는 식기들이 전시되어 있습니다. 세상에 차고 넘치는 많은 물건들 중에 눈에 띄지 못했거나 시대가 흘러 잊혀버린 숨겨진 진주를 골라 판매한다고 하네요.

lost-found-store.jp
1 Chome-15-12, Tomigaya, Shibuya City, Tokyo

아트 앤 사이언스
Arts & Science

'예술과 과학'이라는 다소 거창하면서도 자신감 있는 타이틀은 오너의 이름을 들으면 이해가 됩니다. 1990년대부터 앞서가는 스타일리스트로 유명한 소니아 박Sonia Park. 그녀가 쓴 책 《Sonya's Shopping Manual》은 레전드로 국내에도 비슷한 책이 많이 출간되었죠. 현재는 아트 앤 사이언스의 오너이자 크리에이티브 디렉터로 활동하며 많은 이들에게 영향을 주고 있습니다.
"나는 내 입에 넣지 않을 것을 사람들에게 먹이지 않을 것입니다. 나는 내 집에 없을 것을 내 가게에 두지 않을 것입니다. 그것은 예술과 과학의 모든 것을 관통하는 철학입니다." 여러 숍으로 나뉘어 있지만 위치가 모두 가까워서 함께 방문하기 좋습니다.

arts-science.com
Palace Aoyama Bldg. 6 Chome-1-6 Minamiaoyama, Minato City, Tokyo

오버 더 카운터 Over The Counter
생활 도구와 문구를 판매합니다. 다른 매장에 비해 비교적 가격대의 폭이 넓어 기념품 구입에 적당합니다.

아트 앤 사이언스 Arts & Science
옷과 주얼리를 비롯, 일본 전역에서 훌륭한 도예가들과 협업한 작품들을 선보입니다. 마니아층이 많고 해외에서도 인기가 많습니다.

앤숍 &SHOP
젠더리스와 보더리스를 컨셉으로 한 의상들을 선보입니다. 크리에이터와 콜라보한 이벤트가 개최되기도 합니다.

다운 더 스테어스 Down the Stairs
처음에는 직원 식당으로 운영했는데 인기가 많아져서 일반인에게 오픈한 레스토랑이 되었습니다.

스파이럴 마켓
Spiral Market

스파이럴 마켓은 도쿄의 1세대 편집숍입니다. 건축가 마키 후미히코가 설계했고 1985년 아오야마에 오픈했습니다. 미술관, 갤러리, 카페, 마켓으로 구성되어 있는데요, 간단하게 식사를 하고 전시를 본 후, 쇼핑도 할 수 있는 우아한 인테리어 동선이 흥미롭습니다. 일상생활에서 오래 지속되고 사랑받을 수 있는 '영원한 디자인'이 스파이럴의 철학입니다. 주방용품부터 문구류, 욕실용품까지 다양한 품목이 있습니다. 미나 페르호넨이 초창기 시절, 지금처럼 인기를 얻기 전에 입점한 곳도 스파이럴 마켓입니다. 그 인연 덕분인지 미나 페르호넨의 셀렉트 숍 '콜call'도 스파이럴 빌딩 5층에 입점해 있습니다.

store.spiral.co.jp
Chome 5-6-23 Minamiaoyama, Minato City, Tokyo

플레이마운틴
Playmountain

하라주쿠와 가까운 센다가야에 가면 꼭 방문하는 매장들이 있는데요. 저는 타스야드에서 카레를 먹고 플레이마운틴에서 모던하고 멋스러운 가구와 소품을 구경하는 것을 좋아합니다. '플레이마운틴'에서는 미드 센추리 모던 가구, 북유럽 장식품, 현대 디자이너의 제품 및 공예품 등 다양한 인테리어 관련 품목을 만나볼 수 있어요. 분위기가 편안하고 언제나 친절해서 부담 없이 방문할 수 있는 곳입니다. 타스야드와 플레이마운틴 모두 랜드스케이프 프로덕트 디자인 그룹이 운영하고 있습니다.

playmountain-tokyo.com
105, Chome-52-5, Sendagaya, 3, Shibuya City, Tokyo

포스탈코
Postalco

만듦새가 너무 좋아서 사용할 때마다 감탄하는 물건 있으세요?

'포스탈코'에서 구입한 손가방은 나누어진 포켓이 많아 물건 분류가 쉽고 튼튼해서 날마다 들고 다녀도 해짐이 없었습니다. 나일론 소재지만 색감과 디자인이 좋아 어떤 옷에도 잘 어울렸고요.

뉴욕 브루클린에서 설립되어 도쿄에 본사를 두고 있는 포스탈코는 작은 제품도 여러 시행착오를 거쳐 엄격한 완성품을 내어 놓습니다. 일본 공예품을 일상생활에 적용하는 것을 목표로 한다고 하네요. 대표 품목은 가방, 지갑, 펜, 열쇠 고리, 의류입니다. 본 매장은 긴자에 위치해 있고 클라스카 & 숍 "DO"를 비롯한 스티브 앨런, 위켄더 숍 등 다른 편집숍에서도 만나볼 수 있습니다.

postalco.com
2-2-1 1FL, Kyobashi, Chuo, Tokyo

짹
짹

귀여운 새 모양의
목각함은 이쑤시개 통.
플레이마운틴에서
구입.

청소가 절로
될 것 같은 빗자루.
플레이마운틴.

여긴
천국인가?

도넛 모양이 귀여운
냄비 받침. 카시카.

달콤새콤한
딸기과자.

P.F.S의 스테디셀러,
전기 스위치. 종류별로
다 모으고 싶어요.

무지 긴자점엔 없는게 없어요.
가장 좋아하는 코너는 무지 파운드인데
빈손으로 나오기는 정말 힘든 곳.

1988년 덜튼의 초창기 디자인

감도 좋은 생활용품을 만날 수 있는 로스트 앤 파운드

도쿄에서 만난 최고의 디저트숍은 아트 앤 사이언스와 함께 있는 다운 스테어스.

덜튼

로스트 앤 파운드

사토짱 좋아하잖아

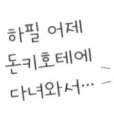

패브릭과
핸드메이드 **04**

당신은 천사인가요?

지금은 도쿄 중심가에 여러 곳의 매장이 있지만 '미나 페르호넨'을 처음 알았을 때만 해도 메구로역과 시로카네다이역 사이 조용한 주택가 골목에 위치했습니다. 언니와 함께 구글맵에서 미리 프린트한 지도를 보며 숍을 찾는 것이 생각보다 어려웠어요. 지나가는 행인에게 물어보면 "저쪽인 것 같다", 그래서 한참을 저쪽으로 가서 또 물어보면 "이쪽인 것 같다", 편의점에 들어가 물어봐도 "이 근처인 것 같은데 잘 모르겠다", 와이파이가 지금처럼 자유롭게 되지 않을 때라서 지도와 주소만 보며 찾아다녀야 했어요. 길눈이 밝은 언니도, 구글맵을 교과서처럼 여기던 저도, 미로 찾기처럼 주위만 뱅뱅 돌 뿐이었죠. 날도 더운데 정말 울고 싶은 심정이었습니다.

그러다 지나가는 한 여성에게 물어봤는데, 그녀는 처음으로 주소 아래 적힌 번호로 전화를 걸었어요. 고개를 끄덕이고 차분히 통화를 마친 후 친절한 목소리로 따라 오라고 했습니다. 이제 드디어 찾아가나 보다. 우리는 안도의 한숨을 쉬었죠. 그녀는 골목에서 나와 돌연 큰 도로변에서 택시를 잡았습니다. 처음에는 택시 타고 알아서 가라는 건 줄 알았는데, 우리가 택시에 오르자 그녀 또한 함께 탔습니다. 택시는 1km 정도 메구로역 방향을 향해 달리더니 한적한 골목으로 들어가 멈췄습니다. 그녀는 택시에서 내리지 않은 채 여기가 당신들이 찾는 곳이라고 정중히 말했습니다. 우리가 택시비를 드리려고 지갑을 열자, 괜찮다며 마침 자신이 가던 길이었다고 한사코 만류하더라고요. 그럼 주소라도 알려달라고 답례로 선물을 보내고 싶다고 하자 선한 웃음을 지으며 정말 괜찮다고 했어요. 그렇게 얼떨결에 우리는 내렸고 천사 같은 여인은 택시를 타고 유유히 사라졌습니다. 그녀는 천사였을까요?

여행을 하다 보면 뜻하지 않는 어려움이나 난관에 부딪히기도 하고 때로는 불친절한 사람 때문에 기분이 상하기도 하지만 이렇게 조건 없이 친절을 베푸는 사람을 만나기도 합니다. 그럴 때마다 떠오르는 문구가 있어요.
"Be not inhospitable to strangers lest they be angels in disguise(낯선 이에게 친절하세요. 그들은 변장한 천사일지도 모르니까요)."
파리에 위치한 '셰익스피어 앤 컴퍼니' 서점 벽에 새겨진 글귀입니다. 덕분에 저도 조금 더 친절한 사람이 되어야지 다짐하게 됩니다.

미나 페르호넨

mina perhonen

핀란드어로 '나(미나)'와 '나비(페르호넨)'라는 뜻인 미나 페르호넨은 패션 브랜드로 시작해 현재는 패브릭, 식기, 가구, 생활 소품, 라이프스타일로 확장되었습니다. 디자인과 디테일이 어찌나 섬세한지 공산품이지만 핸드메이드 오더 브랜드의 감성이 느껴집니다. 제품도 좋지만 숍 인테리어도 못지않게 창의적이고 예뻐서 도쿄에 갈 때면 성지순례하듯 꼭 방문하는 곳입니다.

처음 제품을 접했을 땐 디자이너가 분명 여자일 거라 생각했어요. 하지만 이 섬세한 디자인의 주인공은 '미나가와 아키라 Akira Minagawa'라는 남성입니다. 텍스타일에 중점을 둔 디자인 수장이자 오너입니다.

미나가와 아키라는 어렸을 적 부모님의 이혼으로 조부모와 함께 많은 시간을 보냈습니다. 할아버지는 수입 가구점을 하셨는데 그게 주로 북유럽 가구였다고 해요. 미나 페르호넨의 브랜드명이나 추구하는 이미지를 보면 어린 시절의 영향을 많이 받았을 거라는 추측을 쉽게 할 수 있습니다.

미나가와 아키라가 처음부터 디자인을 공부했던 것은 아니었어요. 육상 선수를 꿈꾸다 부상으로 포기하고 무작정 떠나게 된 유럽 여행에서 운명처럼 패션과 인연을 맺게 됩니다. 바닥부터 시작해서 위기 속에서도 포기하지 않고 우직하게 브랜드를 끌고 나아가는 모습은, 달리기를 할 때 다져진 끈기 덕분은 아닐까, 잠시 생각해 보았습니다. 할아버지의 오래된 창고에 있던 아르텍, 프리츠 한센 소파에서 놀던 소년은 알았을까요? 후에 자신이 직접 드로잉하고 디자인한 텍스타일이 그 위에 당당히 입혀질 것이라는 걸.

미나 페르호넨은 두텁고 오래된 마니아 팬들을 많이 보유하고 있습니다. 그 이유는 아마 유행을 좇지 않고 100년 이상 브랜드를 지속하기 위한 노력과 고민을 하고 있기 때문 아닐까요? 또한 장인 정신으로 격조 높은 미감을 연구하고 실제로 구현해 내는 퀄리티 덕분이기도 하지요. 현재 메인 매장인 미나 페르호넨 외에도 콜, 마테리아알리, 엘레바, 푸쿠 등 다양한 컨셉의 라이프스타일 숍을 운영하고 있습니다.

mina-perhonen.jp

콜 Call

미나 페르호넨은 숍마다 특색이 있는데, 아오야마에 오픈한 셀렉트 숍 콜Call은 마치 작은 로컬 마켓에 온 느낌입니다. 엘리베이터를 타고 5층에 내리면 미나의 유명 패턴인 탬버린 타일이 빼곡한 월아트와 스웨덴의 일러스트레이터 헤닝 트롤백Henning Trollbeck의 환상적인 벽화가 우리를 맞이합니다.

테라스 정원이 딸린 '하우스 앤 가든' 카페의 돔 천장은 콜의 시그니처라 할 수 있습니다. 돔은 미나 페르호넨의 패브릭으로 가득 꾸며져 있는데 위를 올려다보면 마치 그림책 속에 들어와 있는 기분이 듭니다. 메인 숍은 섹션별로 의류, 식기, 패브릭, 골동품, 아동 의류가 전시되어 있습니다. 패브릭은 샘플이 있어서 그걸 보고 고를 수 있어 편리해요.

콜의 매력은 일하는 직원들의 모습에도 찾을 수 있답니다. 대부분이 머리가 희끗하고 연세가 지긋한 할머니예요. 콜의 채용 공고에는 이런 문구가 있습니다. "100세도 대환영!"(저도 여기에 취직하고 싶어요!)

미나 페르호넨이 처음이거나 시간이 없어서 한 곳만 가야한다면 콜을 추천해요.

mina-perhonen.jp
Chome 5-6-23 Minamiaoyama, Minato City, Tokyo

마테리아알리 materiaali

마테리아알리는 '직물, 재료'를 뜻하는 핀라드어입니다. 다이칸야먀 힐사이드 테라스에 있는 미나 페르호넨의 매장으로, 이곳에서는 텍스타일을 중심으로 쿠션, 러그, 식기, 타일 등 라이프스타일에 필요한 물건들을 주로 판매합니다.

미나 페르호넨의 의류를 사고 싶지만 가격이 높아 고민하거나, 좀 더 부담 없이 즐길 수 있는 아이템을 시도하고 싶다면 패브릭 구입을 추천합니다. 한 마 정도 구입하면 간단한 쿠션이나 액세서리를 만들기에 적당합니다.

www.mina-perhonen.jp
HILLSIDE TERRACE C-1, 29-10 Sarugakucho, Tokyo, Shibuya City

엘레바 elävä I, II

미나 페르호넨은 구로마에와 멀지 않은 바로쿠쵸에 2019년 '엘레바 I, II'와 음식점 '푸쿠'를 오픈했습니다. 바로쿠쵸는 예전부터 섬유 거리로 유명합니다. 엘레바 I은 미나가와 아키라가 직접 포장한 안도 마사노부의 도자기 및 엄선된 와인을 판매합니다. 주로 일본 음식과 식기에 중점을 두는 반면 길 건너편에 있는 엘레바 II는 미나의 의류와 북유럽 잡화, 가구가 중심입니다. 또한 가구에 맞는 미나 페르호넨 직물도 맞춤 주문할 수 있습니다. 쇼핑 후에는 같은 층에 있는 푸쿠도 꼭 방문하시길 바랍니다.

www.mina-perhonen.jp
1 Chome-3-9 Higashikanda, Chiyoda City, Tokyo

포그 리넨

Fog Linen

'리투아니아'라는 낯선 나라를 리넨이라는 두 글자로 각인시키는 데 지대한 공을 한 브랜드가 있습니다. 바로 '포그 리넨'입니다. 시모키타자와 조용한 주택가에 위치한 숍은 정적이고 단정합니다. 리투아니아 공장과 연계해 직접 직물을 생산, 제작하고 있습니다. 감도 좋은 리넨 옷, 소품이 조화를 이루어 빈손으로 나오기가 힘들 정도입니다. 여기는 들어가시면 무엇이든 꼭 사세요!

foglinenwork.com
5 Chome-35-1 Daita, Setagaya City, Tokyo

자투리 패브릭

인도에서 수제로 만든 철망 바구니, 철제 팬과 쟁반, 망고 나무 시리즈도 인기가 많아요.

리넨버드
Linen Bird

봉제 장난감 아티스트 가나모리 미치코와 리넨버드의 드레싱북. 키트와 완제품 모두 판매합니다.

후타코타마가와에 갈 때마다 루틴처럼 들르는 곳이 있습니다. 그릇 편집 숍 '코호로'와 함께 건너편 '리넨버드' 그리고 지하에 있는 손뜨개실 가게 '무리트'입니다.

그중 리넨버드는 묵직한 브라운 장식장에 빈티지한 테이블이 마치 유럽의 아뜰리에 같은 리넨 전문점입니다. 벨기에 브랜드 리베코Libeco가 주를 이루고 프랑스, 리투아니아 등 유럽 리넨과 영국 리버티 패브릭도 만날 수 있습니다. 도쿄에 오면 자주 느끼는 건데, 여기 사람들은 유럽 스타일에 일본 감성을 자연스럽고 조화롭게 잘 매치하는 것 같습니다. 원단 이외에 인테리어 침구, 바느질 도구, 귀여운 수입 단추, 리넨버드 오리지널 패턴과 소품 키트도 판매하며 매달 워크숍이 열립니다. 국내에 많은 팬을 보유한 자수작가 히구치 유미코도 이곳에서 리넨을 구입한다고 알려져 있습니다.

www.linenbird.com
3 Chome 12-11 Tamagawa, Setagaya City, Tokyo

닛포리 패브릭 타운
Nippori Fabric Town

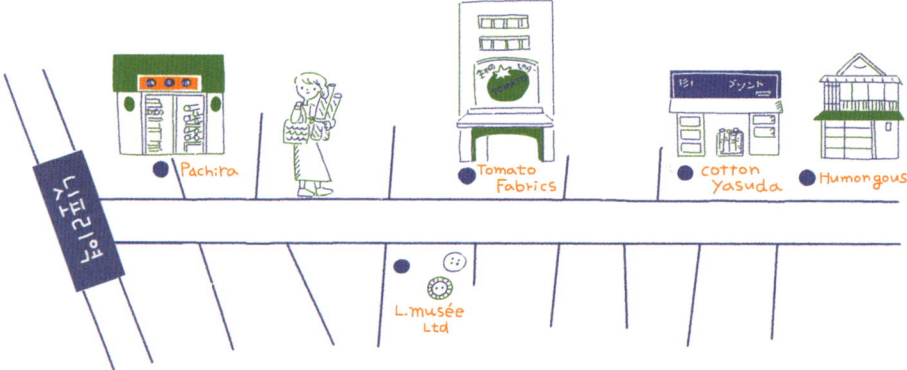

서울 동대문 종합상가처럼 도쿄에도 패브릭, 직물 가게들이 모여있는 곳이 있습니다.
닛포리 패브릭 타운에는 패브릭을 중심으로 가죽, 액세서리, 단추, 패턴, 봉제 등 약 90여 개의 상점들이 들어서 있습니다. 이곳은 다이쇼부터 쇼와 말기까지 도매 지역이었지만, 시대의 변화에 따라 현재는 소매점이 많아졌다고 해요. 메인 거리 뒷골목인 오타케바시 거리 구석구석까지 작은 가게들이 많아 구경만 해도 재미있는 곳입니다.
동대문 종합상가의 원단 가게는 기본적으로 도매 전문이라 일반 사람들은 접근이 어렵다면, 닛포리 패브릭 타운은 소매라고 거부하는 곳이 거의 없어 좋습니다. 일본은 가정에서 엄마가 아이들 옷을 만들어주는 것이 보편화 되어 있거든요. 우리나라보다 원단 구매가 활발한 것도 그 이유입니다. 저처럼 일본어를 모르더라도 원단에 가격표가 대부분 붙어 있어서 구입하는 데 큰 어려움이 없습니다. 원하는 원단을 카운터로 가져가서 수량을 말하면 커팅을 해줍니다(우리나라는 1마 기준이 90cm지만 일본은 100cm입니다). 기모노 문양의 로브가 인기를 끌면서 유튜브와 SNS를 통해 점점 알려져 서양 방문객도 꾸준히 증가하고 있습니다.

파키라 Pachira

인증된 리버티Liberty 판매처입니다. 닛포리 타운 초입에 위치해 찾기가 무척 쉽습니다. 10cm 단위로 판매하므로 액세서리나 패치워크용으로 구입하기 좋습니다. 계절에 따라 취급하는 직물이 약간씩 달라지고 솔레이어드Souleiado 등 유명 브랜드도 만날 수 있습니다.

www.eleg.co.jp
6 Chome-58-5 Higashinippori, Arakawa City, Tokyo

엘뮤제 L.musée Ltd

아름답고 다양한 단추들을 취급하는 단추 전문숍입니다. 이탈리아 공장에서 공급한 수지 쉘 버튼, 샤넬 메종의 버튼, 이탈리아 레진 버튼 등 유럽 각국의 버튼과 50~60년 대의 오뜨 꾸뛰르 버튼도 만날 수 있습니다. 단추는 옷을 한층 고급스럽게 완성시켜주는 구성품이며 훌륭한 액세서리, 오브제이기도 합니다.

www.instagram.com/l.musee_bouton
5 Chome-34-1 Higashinippori, Arakawa City, Tokyo

토마토 패브릭 본관 Tomato Fabrics
토마토 셀렉트 Tomato Select Pavilion

닛포리 타운에서 가장 유명한 원단 백화점입니다. 본관은 원단 종류가 다양하고 저렴하며 품목별로 정리가 잘 되어 있습니다. 토마토 셀렉트관에서는 수입 원단과 고급 원단을 판매하며 커튼, 침구를 제작하기에 적당한 것들이 많습니다.

www.nippori-tomato.com
6 Chome-44-6 Higashinippori, Arakawa City, Tokyo

본관
1층: 미터당 약 100엔, 세일 원단
2층: 니트 원단, 합성 피혁, 벨루어
3층: 고급 직물, 웨딩 코너, 실크, 새틴, 벨벳
4층: 캐릭터 프린트, 유기농 원단, 코듀로이
5층: 미국에서 수입한 직물, 액세서리, 패치워크 용품, 일본 프린트

휴멍거스 Humongous

인도 전통 문양의 목판화로 제작한 패브릭 전문점입니다. 손으로 하나씩 찍은 내츄럴하고 아름다운 원단들이 많습니다. 인도 수입 원단뿐 아니라 일본 디자이너의 텍스타일 등 다양한 패턴과 재질, 두께, 질감을 보유하고 있습니다.

shop.humongous-shop.com
3 Chome-28-4 Higashinippori, Arakawa City, Tokyo

체크앤스트라이프
Check&Stripe

단정한 분위기를 좋아하는 분이라면 '체크앤스트라이프'를 추천해요. 젊은 여성들에게 특히 인기가 많은 패브릭 숍입니다. 도쿄에 두 곳이 있는데, 키치조지와 지유가오카에 위치해 있어요. 내부에는 어린 아이들이 놀 수 있는 편안한 놀이 공간도 있습니다. 방문할 때마다 귀여운 아이와 함께 온 젊은 엄마들이 많더라고요.

여기서 가장 인기 있는 품목은 리버티 패브릭입니다. 공식 판매처이며, 리버티 리미티드도 보유하고 있습니다. 국내에는 체크앤스트라이프에서 발간한 핸드메이드 책도 유명합니다. 깔끔하고 간단한 도안으로 핸드메이드 초보자들도 쉽게 따라 할 수 있습니다.

checkandstripe.com
키치조지 2 Chome-31-1 Kichijoji Honcho, Musashino, Tokyo
지유가오카 2 Chome-24-13 105, Midorigaoka, Meguro, Tokyo

좌 - 카운터는 팜플렛과 무료 도안이 비치되어 있어요.
우 - 일정 금액 이상 구입하면 간단한 만들기 kit를 사은
품으로 증정해요.

유자와야

Yuzawaya

'유자와야'는 원단, 뜨개실, 다양한 수공예 부자재들이 잘 정리되어 있어 개인 핸드메이더들에게 인기가 많습니다. 일단 대부분 백화점에 입점해 있는 대형 매장으로 접근성이 탁월합니다. 긴자, 키치조지, 신주쿠 등 지하철 역과 가깝고 카마타점은 여러 채의 건물로 큰 규모를 자랑합니다. 국내에도 많이 알려진 영국, 프랑스, 북유럽 원단뿐 아니라 코카Kokka, 클로바Clover, YKK, DMC 등 일본 브랜드 제품을 합리적인 가격에 구입할 수 있습니다. 닛포리 타운에 방문할 시간적 여유가 없거나 한 곳에서 모든 것을 해결하고 싶은 분들에게 추천합니다. 참고로 멤버십 카드(550엔)를 만들면 10% 할인을 받을 수 있습니다.

www.yuzawaya.co.jp

카마타점은 여러 채의 건물로 큰 규모입니다. 도쿄 중심에서 조금 떨어져 있습니다.
8 Chome-23-5 Nishikamata, Ota City, Tokyo

에이브릴(아브리루)

Avril

색색들이 다양하고 예쁜 컬러의 뜨개실은 보는 것만으로도 설레고 행복합니다. '에이브릴'에서는 포근한 뜨개실을 가득 만나볼 수 있습니다. 저처럼 뜨개에 재주가 없거나 무얼 만들지 고민인 분들이라면 키트^{Kit}를 추천해요. 키트에 필요한 실들은 그 자리에서 고르면 감아준답니다. 친절한 설명은 덤이고요. 꼭 뜨개를 하지 않더라도 볼륨과 텍스처가 있는 원사는 포장끈으로 사용해도 너무 예쁘답니다. 그리고 일본어가 가능하면 워크숍에 참여하는 것도 좋을 것 같아요. 뜨개질, 직조, 펠팅 등 다양한 수업이 진행 중입니다.

instagram.com/avril_kichijoji
3 Chome-10-3, Kichijoji Honcho, Musashino, Tokyo

핀도트
Pindot

예쁜 빈티지 단추를 사기 위해 처음 이곳을 방문했습니다. '핀도트'는 니시오기쿠보 거리 2층에 위치한 작은 가게입니다. 파란 문을 열고 들어가면 30~50년대 미국 빈티지 패브릭이 가장 먼저 눈길을 끕니다. 어렸을 때 보았던 <초원의 집>, <키다리 아저씨>에 등장하는 소녀들도 이곳에 오면 좋아하며 쇼핑을 하지 않을까요? 단추, 실, 수입 부자재들이 잘 정돈되어 있습니다. 핀도트는 도쿄의 스타일리스트들에게도 인기가 많다고 합니다.

pindot.net
3 Chome-39-11, Shoan, Suginami City, Tokyo

따로따로 행복하게

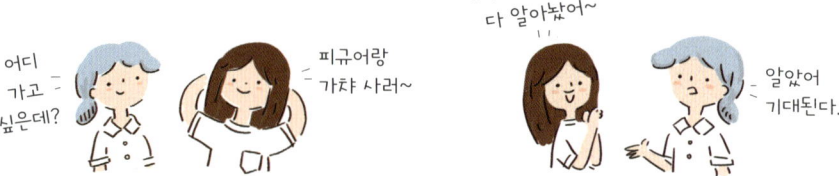

그렇게 우리는 다음날 따로따로 도쿄를 다녔다. 그리고 하라주쿠에서 저녁에 만나 그날 서로 다녔던 곳과 쇼핑한 물건들을 자랑했다 :-)

문구 05

> 진이네 작은 문구점

집 앞 골목을 지나 세 갈래 길이 나오면 조금 더 직진합니다. 다른 골목길로 접어들어 50m 정도 걸어가면 주택들 사이에 조그만 구멍가게가 보입니다. 작지만 과자며 구슬, 딱지 같은 잡동사니도 많고 무엇보다 제가 좋아하는 자잘한 문구류들을 판매했습니다.
저는 초등학교에 입학하면서 예쁜 메모지나 수첩, 연필 같은 것을 모았는데 메모지는 친구들끼리 하나씩 교환하기도 했어요. 학교 앞 문구점은 친구들 모두가 가는 곳이라 사는 것도 대부분 비슷비슷했죠. 그런데 그 가게에는 사뭇 다른 문구들이 있었습니다.

그중에 제가 가장 좋아했던 건 만화 《캔디캔디》 메모지였어요. 어리고 통통하고 귀여운 캔디, 킬트를 입고 백파이프를 연주하는 안소니의 사랑스런 일러스트는 저를 설레게 했어요. 용돈이 생길 때마다 참새가 방앗간 들락거리듯 가게에 들러 하나둘 사모으는 것이 제 즐거움이었습니다.
초등학교 3학년이 되었을 때 우리 반 반장은 진이가 되었습니다. 커트머리에 활달한 성격의 진이는 남녀 모든 친구들에게 인기가 많았어요. 언젠가 집이 같은 방향인 걸 알고 함께 하교를 하는데 세상에나! 제 단골 구멍가게가 바로 진이네 집이었습니다.
주택에 딸린 가게인데 할아버지가 소일거리로 운영하는 곳이었어요. 진이와 친구가 된 뒤로는 진이 집에 자주 놀러 갔고 가끔 할아버지가 외출하실 때는 우리가 대신 가게를 지킬 때도 있었습니다. 그러면 진이랑 함께 알사탕이나 쫀드기를 할아버지 몰래 먹곤 했어요. 얼마나 좋았는지 모릅니다. 어린 시절 저는 진이가 가장 부러웠어요. 저희 집은 2층 양옥이었는데 가게가 붙어있고 문구나 과자도 몰래 먹을 수 있는 진이가 훨씬 부자로 보였습니다. '나중에 진이는 크면 그 문구점 사장이 될까? 진이는 공부를 잘 하니까 더 훌륭한 사람이 되겠지? 나라면 그 문구점 사장이 될 텐데…' 하는 상상을 하다가 잠이 들곤 했습니다.

어른이 되어서 다시 그 동네를 방문한 적이 있어요. 재개발이 되어 진이네 집도 저희 집도 그 많던 골목들도 모두 사라지고 아파트 단지가 되었더라고요. 너무 아쉬웠더랬죠. 도쿄에 가면, 키치조지나 진보초의 골목길을 걸을 때면, 작은 문구점을 지날 때면, 종종 진이네 문구점이 생각납니다.

카키모리
Kakimori

어른들을 위한 문구숍.

구라마에가 지금 '도쿄의 브루클린'이라 불리는 것에는 카키모리의 공이 크다고 생각해요. 많은 문구 애호가들에게 사랑을 받는 카키모리의 입구에 들어서면 뭔가 전문적인 분위기가 물씬 풍깁니다. 자르르르 종류별로 정돈된 종이나 필기구는 우리를 가슴 뛰게 만들기 충분하죠.

카키모리에서는 나만의 독창적인 노트, 수첩을 만들 수 있습니다. 커버부터 내지, 지퍼, 액세서리를 선택하면 이름이 새겨진 노트를 5~10분 안에 조합해 줍니다. 선물용으로도 많이 구매한다고 해요.

고운 컬러의 맞춤형 잉크와 만년필, 문구들을 구경하다보면 '나도 펜글씨 도전을 한번 해볼까?' 하는 생각이 들기도 해요. 글씨를 쓰는 즐거움을 알려주는 문구숍입니다.

그리고 카키모리에서 제작한 구라마에 지역 지도도 꼭 챙기세요. 무료지만 종이 재질이며 일러스트가 훌륭해요. 무엇보다 아주 유용합니다.

www.kakimori.com
1 Chome-6-2 Misuji, Taito City, Tokyo

세카이도
Sekaido

어린 시절 엄마 손을 잡고 놀이동산에 갔을 때처럼 '세카이도'에 처음 들어섰을 때도 무척이나 설렜습니다. 평상시에 좋아하던 마스킹 테이프들을 제일 먼저 고르고 수채화용 스케치북은 넉넉하게 몇 권 집어들고 마카, 홀베인 수채화 물감, 과슈 물감, 윈저 앤 뉴튼 야외용 물감도 장바구니에 넣습니다. 저처럼 사고 싶은 것이 많은 분이라면 멤버십 카드(500엔)를 만드세요. 2년 동안 유효하며 7% 할인과 특정 품목에 대한 추가 할인을 받을 수 있거든요.

쇼와 15년 신주쿠에서 액자 상점으로 출발한 세카이도는 현재 도쿄 최고의 미술 재료 전문 백화점입니다. 5층 건물에는 층별로 문구, 공예, 종이, 물감, 디자인, 제도, 애니메이션 용품이 다양하게 포진되어 있습니다. 미국, 유럽 수입 재료도 많고 무엇보다 일본 브랜드 제품이 국내에 비해 훨씬 저렴합니다.

www.sekaido.co.jp
3 Chome-1-1 1F ~ 5F, Shinjuku City, Shinjuku, Tokyo

여러 사이즈의
스케치북과 물감.

화구
박스

안에는 칸막이가 되어 있어요.

겟코소

Gekkoso

호른이 그려진 간판이 보이는 입구를 따라 들어가면 오래되고 정겨운 가게가 나옵니다. 명성에 비해 작은 규모에 놀랐지만 이내 빨간 표지의 노트와 물감들을 발견하곤 기뻤습니다. "나 여기서 너무 사고 싶었어. 다른 일본애들은 여기 물감만 사용하는데 너무 부럽더라고." 옆에서 소곤소곤 한국말이 들려 유심히 들어보니 일본 유학을 온 미술 전공생 같았어요.
'겟코소'는 3대에 걸쳐 운영하는 미술용품 전문점으로 물감, 붓, 팔레트, 스케치북 모두 오리지널만 판매합니다. 1940년 세계 최초로 코발트 블루 제조에 성공했으며 1966년 비틀즈가 일본 방문시 호텔에서 겟코소 물감으로 그림을 그린 일화가 유명합니다. 시그니처인 호른 마크는 호른 소리 아래 많은 친구들이 모였으면 좋겠다는 희망을 표현한 것입니다.

8 Chome-7-2 1F~B1F Ginza, Chuo City, Tokyo
gekkoso.jp

"비싸더라도 일본 제일의
미술 용품을 사주세요."

켓코소로 함께 그림을 그리는 비틀즈 멤버들.   네 명이 함께 그린 세계 유일의 그림.
Photo by Benjamin Whitaker

이토야
Itoya

다음 시대에 되돌아봐도 진부해지지 않는 보편성이 있는 문구 제품을 개발하는 것. '이토야'의 모토입니다.

이토야는 일본 최초의 서양식 문구점으로 출발했습니다. 나이 성별 관계없이 문구를 좋아하는 사람이라면 분명 천국이라고 느낄 만한 곳입니다.

이토야의 본관은 긴자에 두 개의 건물이 평행으로 위치해 있습니다. 전면에 있는 G. 이토야는 층별로 다양한 품목의 문구, 잡화, 미술용품을 만날 수 있으며 축하카드, 편지지가 무척 많습니다. 2층에서는 우체통 발송도 가능합니다. 오랜만에 손편지를 써보는 것도 좋을 것 같아요. 12층 카페 스타일로Stylo에서는 11층 수경재배 농장에서 수확한 채소를 듬뿍 사용한 음식을 판매합니다.

후면에 있는 K. 이토야는 '어른들을 위한 집'이라는 컨셉으로 만년필, 미술용품 위주로 구성되어 있었습니다. 코로나 이후 조금 축소되었고 현재는 팝업 스토어와 전시를 중심으로 운영되고 있습니다. 지하에서는 일본 작가들의 판화와 프레임을 제작 판매합니다.

www.ito-ya.co.jp
2 Chome-7-15 Ginza, Chuo City, Tokyo

이토야의 상징인 레드 클립. 도쿄 옥외 간판 대회에서 'Best Tokyo Governor's Award'를, 일본 간판 디자인 협회 SDA 어워드 소형 간판 부문에서 'SDA상(대상)'을 수상했습니다.

1904년(메이지 37년)에 호기심 많은 창업자 이토 가쓰타로가 서양식 문구를 접하면서 이토야가 시작되었습니다. 당시 서양식 문구류는 새로운 시대의 도래와 함께 일본에 막 소개되기 시작했습니다.

파피에르 라보

Papier Labo

특별한 문구류를 찾는 분들에게 어울리는 곳입니다. '파피에르 라보'라는 이름에서 알 수 있듯 종이와 종이 관련 제품이 주를 이룹니다. 하라주쿠와 가까운 진구마에에 위치한 작은 가게입니다. 세련된 외관만큼이나 판매하는 셀렉션도 모던합니다. 펜 케이스, 현대적인 메모 클립, 오브제로도 훌륭한 북엔드, 멋스러운 노트 등 감각적인 테이블이나 사무실을 꾸미기에 좋습니다. 저렴한 가격은 아니지만 디자인 문구를 좋아하시는 분들에게 추천합니다. 사무실 격인 파피에르 랩에서는 맞춤형 명함, 고무 스탬프, 브랜드 디자인도 의뢰받아 인쇄 서비스까지 진행합니다.

브라운슈거 디자인

papierlabo.com
1-chome-1-1 Jingumae, Shibuya City, Tokyo

36 사브로
36 Sublo

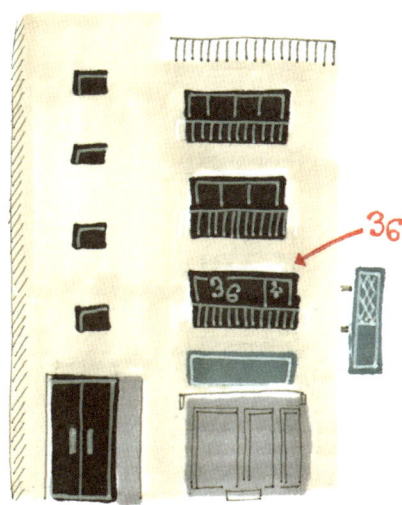

작고 귀여운 물건들의 천국.
어렸을 때 좋아하던 동네 문구점 같은 분위기입니다. 특히 다양하고 귀여운 고무 스탬프들은 단연 최고라 할 수 있어요. 알파벳, 숫자, 우표, 날짜, 캐릭터 등 빈손으로 나오기란 불가능합니다. 3명이 들어가면 가득 차는 조그만 가게로 키치조지 거리에 있는 작은 건물 2층에 위치합니다.

www.sublo.net
2 Chome-4-16 Kichijoji Honcho, Musashino, Tokyo

테가미사 2nd STORY

Tegamisha

GOOD PRINT(종이와 직물)
GOOD CRAFT(손으로 만든 도구)
GOOD FOOD(귀엽고 맛있는 잡화)

신주쿠에서 지하철로 30분 거리의 조용한 동네에 위치한 테가미사는 도쿄에서 놓치면 안 될 문구숍 겸 카페입니다. 테가미사는 '편지회사'라는 뜻이에요. 우리나라에서는 편선지, 엽서 시장이 많이 축소되었지만 일본은 아직도 좋은 품질과 훌륭한 디자인의 지류가 많이 생산됩니다.

이곳의 가장 큰 장점은 인기 일러스트레이터들의 그림으로 제작한 문구류와 지류를 만날 수 있다는 점입니다. 제가 가장 좋아하는 니시 슈쿠의 노트와 캘린더부터 이사노 미도리, 네크타이, 누노카와 아이코의 잡화들이 있습니다.

숍은 카페와 갤러리도 함께 운영하는데 음식이 정말 맛있답니다. 되도록 식사도 하면서 여유롭게 구경하는 것을 권해요. 매일 오픈하는 것이 아니니 방문 전에 홈페이지에서 영업일을 확인하세요.

tegamisha.com/2nd
1 Chome-17-5 Kikunodai, Chofu, Tokyo

홀베인 물감의 로망

H언니 →

고등학교 때,
한 살 위인 H언니는 연예인 뺨치게 예뻤지만
그만큼이나 무서운 미술부 선배였다.
만나면 90도 폴더 인사는 기본.

당시에 멋 좀 아는 애들은 모두 세모 딱지 청바지 하나쯤은 입어줘야 했다. 재미있는 건 처음에는 나를 투명인간 취급했던 선배도 내가 게스 청바지를 입고 오자 그때부터 알은체를 했다는 사실이다.

너 홀벤 알아?
아빠가 일본 출장
에서 사오신 거야.

사과만 잘 그려도
대학 가는 거 알지?
봐봐!
신한으로 그린 거랑
홀벤으로 그린 건
차원이 달라!

우와~
진짜 사과가
영롱해요!

호구 1인 →
고등학생 때의 나

내가 특별히
싸게 줄게.
몇 개 살래?

비쌈

음-
그럼...
사과색만?

그렇게 구입한 홀벤 물감 세 개는 정말 아껴썼다. 다만 홀벤 물감을 다 쓰기도 전에 나는 전공을 수채화에서 디자인으로 바꾸었다.
"선배, 게스 청바지는 제 것이 아니라 언니 거 빌려 입은 거예요. 저는 가난했어요."

다양한 스탬프 중에 신중하게 두개 선택

36 사브로에서 수집한 귀엽고 소중한 문구들.

호치케스는 이토야.

홀벤 과슈

세카이도에서 가장 좋아하는 것들은 홀벤 물감들과 드로잉북.

니시 슈쿠의 작은 수첩은 테가미샤.

테가미샤의 훌륭한 점심 식사는 절대 지나칠 수가 없지!

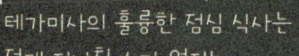

사나에 스기모토 일러스트 캘린더. 이토야에서 구입.

Book **06**

> 서점이라는 놀이터

어릴 적 살았던 양옥집 2층에는 책이 가득 쌓인 방이 하나 있었습니다. 얼핏 들으면 서재라고 생각할 수 있지만 좋은 책들은 1층 거실 책장에 전시해 두었고, 그 방은 책을 가지런히 두었다기보다는 되는대로 쌓아두었기 때문에 책 창고라는 표현이 더 어울릴 듯 해요. 저는 무슨 보물 찾기라도 하는 양 그 방에 틀어박혀 노는 걸 좋아했어요. 물론 책은 읽지 않고 빈 여백만 보이면 그림을 그리느라 바빴습니다. 간혹 언니가 먼저 그려놓은 페이지가 있으면 '기필코 내가 더 잘 그려야지' 하는 마음으로 바로 옆에 똑같이 따라 그리고는 했습니다.

초등학교 고학년이 되어서부터는 혼자 서점에 가는 걸 좋아했어요. 당시에는 어린이 신문이라는 것이 있었는데 신간 코너에 실린 책은 꼭 서점에 가서 바로 확인하는 버릇이 있었어요. 독서가 취미였냐고요? 그럴 리가요. 책장만 펼치면 글씨들이 한꺼번에 올라와서 머리가 어지럽고 정신이 혼미해졌는걸요. 당시에는 난독증이라는 단어가 없었지만 지금 생각하면 약간의 난독 증세를 겪었던 것 같아요. <보물섬>(만화잡지)도 한 페이지 읽는 데 너무 오래 걸려서 언니, 오빠는 답답하다며 제 순번을 항상 맨 마지막으로 두었죠.
서점에 가면 사고 싶은 책은 많았지만 엄마에게 말하면 집에 책이 산더미처럼 쌓였는데 무슨 소리냐고 타박할 것이 뻔하기에 저는 항상 구경만 했습니다. 그러다 6학년 때 처음으로 용돈을 모아 구입한 책이 바로 르네 고시니의 《꼬마 니꼴라》였어요. 역시나 어린이 신문에서 보고 호시탐탐 노리던 책이었죠. 삽화가 너무 재밌고 마음에 들어서 두고두고 오랫동안 읽었던 기억이 납니다. 당시에는 그 삽화가가 장 자크 상베라는 사실도 몰랐지만요. 서점에 비해 도서관을 갔던 기억이 없는 걸로 봐서 저는 확실히 책을 좋아하기보다는 그 공간을 좋아했던 것 같아요. 조금 자라서는 시내에 있는 큰 서점을 토요일마다 방문하곤 했습니다. 새로 나온 책을 살피기도 하고, 어떤 책 표지가 예쁜지 고르기도 하고, 중학생인 저에겐 책 쇼핑이 큰 즐거움이었어요. 그래서인지 고등학생이 되었을 때, 읽은 책은 많지 않았지만 아는 책과 작가는 많았던 이상한 학생이 되어 있었어요. 하하.

도쿄 다이칸야마에 츠타야가 처음 오픈했을 때의 감동을 잊을 수가 없습니다. 이제까지 다리 아프게 서서만 볼 수 있었던 책들을 편한 소파에 앉아서 그것도 커피를 마시며 천천히 볼 수 있다니요. 츠타야 덕분에 저에겐 새로운 도쿄 루틴이 생겼는데요.
도쿄의 첫 아침은 눈뜨자마자 무조건 택시를 타고 츠타야로 향합니다. 이른 아침 문 여는 곳을 찾기 어려웠는데 츠타야는 7시에 오픈하니(코로나 이후 조정됨) 여행의 하루를 시작하기 안성맞춤이죠. 아침 식사는 츠타야 옆에 있는 아이비 플레이스나 서점 내 입점한 스타벅스, 또는 세븐 일레븐에서 기분에 따라 선택할 수 있다는 것은 크나큰 행복이었습니다. 아무리 오래 있어도 눈치 주는 이 한 명 없고 책뿐만 아니라 다양한 굿즈와 문구, 음반도 모두 함께 있는 서점.
학교가 끝나면 설레는 마음으로 달려갔던 그때의 제가 생각나는 도쿄의 서점입니다.

다이칸야마 츠타야
Tsutaya Books

외국 대사관이 많고 부유층이 거주하는 곳으로 알려진 다이칸야마는 예전부터 예쁜 카페와 부티크숍, 로드숍이 많기로 유명했습니다. 그러다 이곳에 3개 동에 걸쳐 츠타야 서점이 오픈한 이후로, 츠타야는 다이칸야마의 랜드마크가 되었습니다.

'숲속의 도서관'이 컨셉인 다이칸야마 츠타야는 단숨에 '책을 파는 서점'을 '라이프스타일과 트렌드를 제안하는 곳'으로 인식변화 시켰습니다. 그 파장과 인기는 대단했습니다. 국내 여러 서점에도 츠타야의 영향을 받은 많은 변화들이 있었으니까요.

츠타야는 코로나 이후 '물건' 중심의 브랜딩을 넘어 이제는 '시간'을 중심으로 시간과 경험을 큐레이션하는 것까지 확장했습니다. 유료로 운영되는 '셰어 라운지'에서는 책을 보며 식사를 하거나 회의를 할 수 있습니다. 하지만 예전에 비해 책을 볼 수 있는 공간의 여유는 비교적 줄어든 느낌이 들어 개인적으로는 살짝 아쉽습니다.

store.tsite.jp
17-5 T-site Shibuya City, Tokyo

"문화란 생활 양식이고 이는 곧 라이프
스타일을 뜻한다."
-츠타야 창업자 마스다 무네아키-

여행 첫날 루틴

츠타야 가전 Tsutaya Electrics

타미강 근처의 후타코타마가와는 예전에는 도쿄 사람들이 주로 찾는 피서지였다고 해요. 지금은 젊은 층들에게 인기 많은 고급스러운 동네로, 연예인이 많이 거주하는 곳이기도 합니다.

후타코타마가와에 '츠타야 가전'이 문을 연 것은 2015년입니다. 가전이라고 하면 흔히 냉장고, TV를 파는 전자상가가 떠오르겠지만 츠타야 가전은 책을 셀렉해주는 것처럼 라이프스타일에 맞는 가전을 제안합니다. 책, 영화, 음악 같은 소프트웨어에서 이제는 가전 같은 하드웨어까지의 라이프스타일을 확장한 것입니다. 물론 츠타야 가전도 큰 성공을 했고 그해 10대 히트 상품으로 기록되었습니다.

입구부터 반겨주는 기분 좋은 풀떼기들. 식물원처럼 커다랗고 무성한 초록이들과 에스컬레이터를 중심으로 중앙이 뚫린 구조의 개방감이 시원합니다. 가전 코너에는 세련되고 트렌디한 오디오, 자전거, 가구, TV부터 첨단의 로봇까지 쇼룸 형식으로 전시되어 있습니다. 베이킹 코너는 생각보다 섬세하고 제품이 다양하며 그 앞에서 셰프가 음식 시연도 하는 등 다채로운 이벤트가 자주 열립니다. 동네의 특성 때문인지 다이칸야마 츠타야보다 활기찬 분위기입니다.

store.tsite.jp/futakotamagawa
1 Chome-14-1, Tamagawa, Setagaya City, Tokyo

무라카미 하루키 도서관
The Haruki Murakami Library

《노르웨이의 숲(상실의 시대)》을 읽지 않으면 친구들과 대화가 되지 않던 시절이 있었죠. 매해 노벨문학상이 발표될 때마다 하루키가 수상하지 못한 걸 안타까워하던 사람들이 많았습니다. 지금은 그만큼의 열풍은 아니지만 여전히 하루키의 책들은 꾸준히 인기가 많고 책을 원작으로 한 영화들도 세계적으로 화제가 되고 있습니다. 저 역시 한동안 하루키를 잊고 있다가 영화 <버닝>과 <드라이브 마이카>를 보고 너무 재미있어 책을 찾아 읽었습니다.

와세다 대학 국제문학관에는 '무라카미 하루키 도서관'이 있습니다. 하루키는 와세다 대학 졸업생이기도 합니다. 생존한 작가의 도서관을 만든다는 것은 확실히 이례적이고 파격적인 예우라고 해요.

와세다 대학은 건축가 구마 겐고에게 의뢰해 캠퍼스 4호관을 하루키 도서관으로 리모델링 했습니다. 하얀 건물을 따라 길게 입구까지 연결된 여러 겹의 곡선 구조물이 인상적입니다. 안으로 들어가면 외부와 유사한 여러 겹의 웅장의 목재 곡선들이 가장 먼저 눈에 띄어요. 무라카미 소설에서 영감을 받은 터널을 표현한 것이라고 합니다. 도서관은 지하부터 2층까지 계속되는데 이 곡선을 중심으로 계단이 연결되어 있어요. 대략 3000여 권의 책이 있다고 해요. 저는 그중에 하루키가 기증한 초판 도서와 CD가 가장 흥미롭더라고요. CD는 그가 재즈 카페 피터 캣Peter Cat을 운영할 때 틀었던 것으로 1층 오디오 룸에서 직접 들을 수도 있답니다. 갤러리에는 피터 캣의 오리지널 의자가 있으며, 의자 바로 위에는 무라카미의 책상 사진이 액자에 담겨있어 작가의 일상을 보여줍니다.

계단 책장에는 하루키가 좋아하는 책과 그의 책에 영향을 받은 감독들 소개가 전시되어 있습니다. 우리나라 이창동 감독도 있어 무척이나 반가웠어요. 하나의 책이 여러 나라에서 출판되면서 달라진 표지와 그림을 비교하는 것도 재미입니다. 한국어 책도 여러 권 진열되어 있으니 잠시 앉아 읽고 가도 좋을 것 같아요.

참, 지하에는 학생들이 운영하는 오렌지 캣 카페Orange Cat Cafe가 있습니다. 무라카미의 초기 재즈 카페에 대한 오마주라고해요. 커피와 간단한 식사, 디저트를 맛볼 수 있는데 맛은 보통이에요. 하지만 약간의 재미를 위해 오렌지 캣Orange Cat이라는 시그니처 음료가 있으며 일부 요리는 인기 있는 책 제목에서 이름을 차용했으니 기념으로 커피 한 잔 마시고 가는 것을 추천합니다.

waseda.jp/culture/wihl
1 Chome-6, Nishiwaseda, Shinjuku City, Tokyo

지하부터 2층까지 연결된 목재 곡선. 무라카미 소설에서 영감을 받은 터널을 표현한 것이라고 합니다.

《BRUTUS》 매거진 스페셜 에디션. '읽기', '듣기', '보기', '수집', '먹고 마신다' 등의 키워드로 풀어낸 무라카미 하루키에 대한 모든 것. 그가 직접 엄선한 51권의 추천 책, 125개의 레코드에 대한 소개도 있습니다. 꼭 도서관을 방문하지 않더라도 무라카미 하루키를 좋아하신 분이라면 추천하는 책입니다.

카페의 시그니처 음료 '오렌지 캣'

국제 어린이 도서관

International Library of
Children's Literature

지금은 우리나라 도서관도 동선이 좋고 뛰어난 경관을 자랑하는 곳이 많지만 안도 타다오가 설계한 '국제 어린이 도서관'이 개관할 때만 해도 굉장한 센세이션을 불러 일으켰습니다. 1906년 메이지 시대에 지어진 제독 도서관을 보존, 개수했는데 르네상스 양식의 고풍스러운 벽돌 건물을 보면 '이곳이 도서관이 맞을까?' 하는 의구심을 품게 됩니다.

내부 계단, 나무 몰딩, 샹들리에 등 세세한 것까지 복원하여 최대한 그 시대의 품위를 느끼도록 했다고 해요. 도서관은 70만여 권의 일본어 아동 도서를 소장하고 있으며 1층 어린이의 방, 세계를 아는 방에는 140여 개 나라에서 발간한 동화책이 있습니다. 자녀와 함께 방문하기에 좋고, 어린이가 아니더라도, 일본어를 모르더라도 고전과 현대가 조화롭게 결합된 도서관에서 그림책을 보며 한나절을 보내도 좋을 것 같아요.

우에노 공원에 있는 호류지 박물관, 르 꼬르뷔제의 국립 서양미술관, 우에노 동물원 등과 함께 둘러보기 좋습니다.

kodomo.go.jp
12-49, Uenokoen, Taito-ku, Tokyo

모노클 숍
Monocle Shop

요요기 공원 근처 도미가야 지역에는 매력적이며 힙한 상점과 카페가 모여 있는데 그중 하나가 바로 '모노클 숍'입니다. 문을 열면 풍기는 은은한 향기부터 매력적인 모노클 숍은 잡지 외에도 콜라보레이션 제품, 고품질 제품으로 인기가 많습니다.

영국을 기반으로 하는 잡지 <모노클>은 정치, 경제를 다루는 <이코노미스트>와 예술, 문화, 패션을 다루는 <GQ>를 믹스했다고 해요. 여기에 <월페이퍼>를 만든 타일러 브륄레가 깔끔하면서 클래식하고 현대적인 미적 감각(사진, 편집, 일러스트)까지 가미하니 세상 세련되고 멋스러운 잡지가 되었습니다. 덕분에 다수의 잡지들이 내리막길을 걷는 2007년 창간한 <모노클>은 승승장구하게 됩니다. 그 후 신문, 여행책 시리즈, 빅북 시리즈, 시즈널 매거진, 단행본 등을 발행하고 현재까지 많은 팬들을 보유하고 있습니다.

<모노클>은 아시아 최초로 도쿄에 카페를 오픈한 적도 있습니다. 긴자 유라쿠초에 있던 모노클 카페는 코로나의 영향 때문인지 아쉽게도 현재 문을 닫았지만, 다시 재오픈하기를 바라고 있습니다.

monocle.com/shop
1 Chome-19-2 Tomigaya, Shibuya City, Tokyo

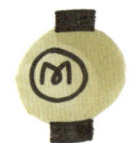

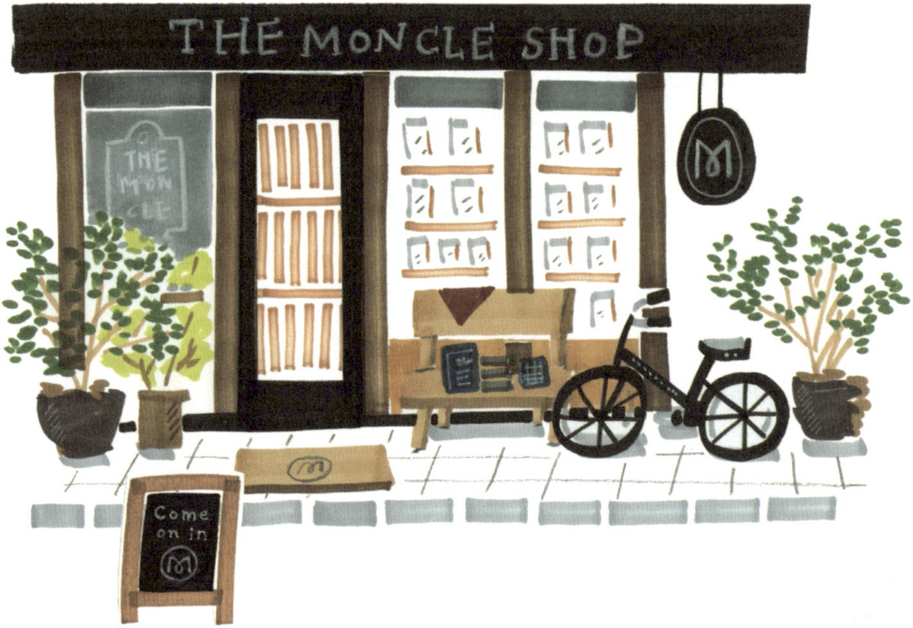
THE MONCLE SHOP
THE MONCLE
Come on in

카우북스의 오너인 마쓰우라 야타로는 작가로도 활발한 활동을 하고 있습니다. 국내에 출간된 저서로는 《울고 싶은 그대에게》, 《일상의 악센트》, 《하루, 하루가 좋아지는 500가지의 말》, 《최저 최고의 서점》, 《용기는 있지만 불안합니다》 등이 있습니다.

봄에 특히 풍경이 좋은 카우북스.

카우북스
Cowbooks

나카메구로 강변를 걷다보면 저도 모르게 들어가는 곳이 있습니다. 별다르게 책을 사지 않아도 꼭 들르게 됩니다. 나무문을 스르륵 열고 들어가면 낡은 고서적들이 줄맞춰 누워 있을 것 같은 공간. 하지만 여긴 현대적인 스틸 외벽에 유리문으로 들어가면 전면 전광판에서 텍스트가 반짝이는 반전이 있지요.

작가 요시모토 바나나가 '나의 오아시스'라고 고백한 서점인 카우북스. 수필가이자 크리에이티브 디렉터인 마쓰우라 야타로가 문을 연 중고 서점입니다. 그는 10대 시절 미국 서점 문화를 접했는데 거기서 영향을 받아 자신이 직접 읽고 감동한 책을 판매하기 시작했습니다.

서점 이름인 '카우북스'는, 느릿느릿 쉬어가며 새로운 아이디어를 얻고 돌아갔으면 하는 의미에서 얼룩소를 생각했다고 해요. 중앙의 긴 테이블에서는 커피를 마실 수 있어 책을 읽으며(혹은 구경하며) 잠시 쉬어가기에 좋습니다. 책 외에 의류나 가방 등 카우북스 굿즈도 판매하는데 책만큼이나 인기가 많습니다.

cowbooks.jp
1 Chome-14-11, Aobadai, Meguro City, Tokyo

아오야마 북센터
Aoyama Book Center

서점명에서 알 수 있듯이 아오야마와 오모테산도 사이에 위치한 대형 서점입니다. 디자인과 패션 서적 등 실용서가 다양하고 많습니다. 지금은 츠타야에 밀렸지만 그림책과 인기 작가들의 굿즈도 잘 구비되어 있어 아이들과 함께 방문하기 좋습니다. 좋은 전시와 강연도 꾸준히 열리고 있으니 오모테산도와 아오야마에 갈 예정이면 들러보시길 권합니다.

aoyamabc.jp
5 Chome-53-67 Jingumae, Shibuya City, Tokyo

모리오카 서점
Morioka Shoten

서점보다는 갤러리처럼 보이는 이곳에서는 일주일에 단 한 권의 책만 판매합니다. '모리오카'는 그 한 권의 책과 함께 관련 상품을 전시하고 토크 이벤트도 진행하는 독특하고 재미있는 서점입니다. 모리오카의 큐레이션을 믿으세요.

twitter.com/morioka_ginza
1 Chome-28-15, Suzuki Building, Ginza, Chuo City, Tokyo

시부야 퍼블리싱 앤 북셀러즈
Shibuya Publishing & Booksellers

다양하고 개성있는 독립 출판물을 만나면 기분이 좋아집니다. '시부야 퍼블리싱 앤 북셀러즈'는 출판사에서 운영하는 서점으로 셀렉팅한 책과 잡지, 디자인 서적이 특히 좋습니다. 트렌디한 잡화와 문구도 판매합니다. 요요기 공원과 함께 일정을 짜서 방문해보세요.

shibuyabooks.co.jp
Kamiyamacho, 17-3, Shibuya City, Tokyo

닛키야 츠키히
Nikkiya Tsukihi 月日

"우리는 일기를 쓰고 읽는 행위와 글쓰기 자체에 관심이 있고 즐기는 사람들을 위한 기반이 되고 싶습니다."

일기에 대한 모든 것.
전 세계의 다양한 일기장과 일기에 관련된 책, 상품을 판매하는 일기 전문점입니다. 오래된 초등학교 일기장부터 평범한 사람의 육아 일기, 종군기자의 일기, 이별 일기, 여행 일기, 유명인의 일기 등. 일기라는 모티프로 이렇게 다양한 책이 나올 수 있다는 것이 재미있습니다. 매장에서는 커피와 맥주도 판매하고 있어 한편에서 커피를 마시며 책을 볼 수 있답니다. 평상시에 일기를 쓰지 않는 사람도 이곳에 오면 일기의 매력에 빠지지 않을까요?

tsukihi.stores.jp
BONUS TRACK SOHO9, 2 Chome-36-15, Daita, Setagaya City, Tokyo

비앤비
B&B

"낭비로 가득한 선택으로, 우리는 당신에게 많은 우연한 만남을 전달하고 싶습니다."

책을 사는 것보다 책을 사러 가는 길이 좋아서 가는 서점들도 있죠? B&B는 그런 분들이 반해버릴 서점입니다. 주변 풍경과 바람이 잘 어우러져 그 공간에 있는 것만으로도 좋은 여행을 한 느낌이 듭니다.

요즘 젊은이들에게 큰 사랑을 받고 있는 시모키타자와 지역. 비앤비는 시모키타자와에서도 핫플레이스로 꼽히는 '보너스 트랙' 2층에 위치해요. 책과 맥주(Book & Beer)를 뜻하는 이름답게 신간 서적, 다양한 굿즈, 중고 서적, 할인 서적 그리고 맥주를 판매합니다. 2층으로 올라가는 야외 계단과 난간에 서서 맥주 한 잔 마시며 책을 보기 딱 좋은 구조입니다. 작가와의 대화, 영어 회화 교실 등 크고 작은 이벤트가 자주 열린다고 하네요.

bookandbeer.com
BONUS TRACK 2F, 2 Chome-36-15, Daita, Setagaya City, Tokyo

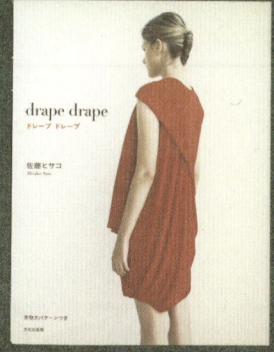

필립 바이스베커의
아트북 두 권은
모두 츠타야
서점에서 구입.

마코토 가고시마의
그릇 도록은 키치조지에
위치한 플레이 뮤지움
에서. play2020.jp

언제나 빼놓지 않고 구입하는
목록은 역시나 핸드메이드 북

한달의
파리지엔느

일기 관련 서점
닛키야 츠키히

주나이다의 일러스트 책과 하라사와 마리코의
파리 에세이는 츠타야 서점에서 :-)

다양한 일기 관련 책들
닛키야 츠키히의 책장

독서는 마음의 양식!

하고 세련된 인테리어가 돋보이는 모노클 숍. 여행책 시리즈

아이들은 물론 나도 좋아하는 재키북과 인형은 아오야마 북센터에서.

예전에 엄청 인기 많았던 그림.

B&B에서 발견한 오오타 케이분 중고 화집

가챠 - 간단히 말하면, 일본에서 인기있는 뽑기 장난감 정도로 설명할 수 있겠어요. 뽑기 기계에 동전을 넣고 핸들을 돌릴 때 '찰칵찰칵' 소리가 나는데, 찰칵찰칵의 일본어가 '가챠가챠'인 것에서 했다고 하네요.

가챠가챠노모리 - 직역하면 '가챠숲'이라는 뜻. 가챠 기계가 즐비한 공간을 말해요.

이치방쿠지 - 반프레스토에서 발매하는 제비뽑기 상품인데 국내에는 '제일복권'으로 많이 알려져 있어요.

부록

가챠샵과 굿즈 07

글, 그림 김민소

선샤인 시티 Sunshine City

이케부쿠로 선샤인 시티는 지하철과 연결되어 있어 방문하기가 무척 편합니다. 키디랜드, 리락쿠마 스토어, 스누피타운, 지브리 스토어, 짱구 숍, 산리오 숍, 디즈니 스토어, 미피 숍, 포켓몬 센터 등 많은 상점들과 가챠가챠노모리에 엄청난 가챠 기계들이 있어 가챠에 관심있다면 대만족할 만한 곳입니다. 또한 뽑은 가챠들을 정리하고 전시해서 사진을 찍을 공간도 있습니다. 선샤인 시티는 오타쿠가 아니더라도 충분히 재미를 느낄 수 있는 대중적인 곳입니다.

sunshinecity.jp
3 Chome-1 Higashiikebukuro, Toshima City, Tokyo

시 프라 시부야 C-Pla Shibuya

도쿄의 여러 지점 중에 시부야점은 1층과 지하 1층으로 큰 규모의 가챠샵입니다. 접근성이 좋고 엄청나게 많은 가챠 기계들이 있으니 원하는 것은 다 찾을 수 있습니다. 시간이 없어 한 곳만 가야한다면 저는 시 프라 시부야점을 추천합니다.

toshin.jpn.com
21-8 Udagawacho, Shibuya City, Tokyo

요도바시 전자상가 Yodobashi

이름 그대로 여러 전자기기를 판매하지만 하비^{Hobby} 층에 가면 많은 굿즈와 가챠가 우리를 기다리고 있습니다. 다른 제품들도 그렇지만 리멘트의 경우 한국보다 훨씬 저렴하니 마음에 드는 것이 있으면 많이 구입하세요! 물에 넣으면 피규어가 나오는 베스밤은 애니메이션 캐릭터가 다양하고 많아서 저는 좋아합니다. 그리고 한쪽에는 피규어를 리페인트하고 제작하는 취미를 가진 사람들을 위한 여러 물감과 스프레이 그리고 점토도 판매하고 있습니다.

www.yodobashi.com
1 Chome-12-3 Nishishinjuku, Shinjuku City, Tokyo

라운드 원, 세가 Round 1, Sega

많은 이들을 수렁에 빠뜨리는 곳들입니다. '라운드 원', '세가'는 도쿄 거리에서 흔히 볼 수 있는 대형 오락실, 게임 체인점입니다. 인형 뽑기라고 하면 보통 인형만 뽑는 곳이라고 생각하지만 일본에는 인형 외에도 피규어, 과자, 라면, 가방, 서랍장 등 다양한 뽑기 기계가 있습니다. 신기한 것은 매달 신제품 인형과 피규어가 출시된다는 사실! 물론 항상 그 자리를 지키는 애들도 있지만 매달 뽑을 수 있는 애들이 달라져 우리를 유혹합니다. 라운드 원이나 세가 말고도 ufo crain으로 검색하면 여러 가게가 나옵니다. 요즘은 온라인으로 뽑을 수 있는 사이트도 있다고 하니 참 좋은 세상이죠.

나가노 브로드웨이 Nakano Broadway

키치조지 3층 규모의 건물에 여러 오타쿠 굿즈숍들이 모여 있습니다. 희귀한 옛날 굿즈와 중고 가챠들도 있어 오타쿠들에게 인기가 많아요. 저렴한 것들도 있지만 인기 애니메이션 캐릭터는 가격대가 꽤 높습니다. 그래도 가챠라는 불확실한 도전을 싫어하는 분이라면 여기서 중고를 구매하는 것도 괜찮을 것 같아요. 참고로 나카노 브로드웨이 앞에 있는 슈크림 가게 빵이 참 맛있답니다 :-)

nakano-broadway.com
5 Chome-52-15 Nakano, Nakano City, Tokyo

케이북스 이케부쿠로 K-Books Ikebukuro

연예인관, 게임관, 애니관, 회지관 등 장르에 따라 여러 관으로 나뉘어져 있습니다. '왜 이렇게 비싸게 팔지?' 싶은 것도 있지만 희귀템이라는 점에서 나름 납득이 되는 가격이고 굿즈 종류가 많아서 구경하는 재미가 있습니다. 단점은 가게가 여기저기 흩어져 있어 시간이 많이 소요됩니다.

k-books.co.jp
3 Chome, Higashiikebukuro, Toshima City, Tokyo

키디랜드 Kiddyland

가장 인기있는 곳은 하라주쿠 점으로 지하 1층, 지상 4층 규모로 크고 유명합니다. 대중적으로 인기가 많은 산리오, 치이카와, 리락쿠마, 호빵맨 등 캐릭터 인형이 많아 언제나 많은 손님으로 부쩍입니다. 단 가챠보다는 어린이 중심의 애니메이션 굿즈가 많아 오타쿠라면 지루할 수도 있습니다.

www.kiddyland.co.jp
6 Chome, Jingumae, Shibuya City, Tokyo

애니메이트 이케부쿠로 Animate

애니메이션 굿즈숍으로 유명한 곳으로 신제품만 판매합니다. 1층에서는 팝업숍이 자주 열리고 한국 만화책도 많이 있어 구경하는 재미가 쏠쏠해요.
하지만 한국에 지점이 생긴 이후 예전에 비해 메리트가 조금 떨어졌습니다. 새로 나온 굿즈와 만화책을 빠르게 구입하고 싶다면 추천합니다.

www.animate.co.jp
1 Chome-20-7 Higashiikebukuro, Toshima City, Tokyo

북오프 Bookoff

일본에는 중고품을 취급하는 체인이 많이 있는데 그중 중고서점 '북오프'가 가장 유명합니다. '하드오프'는 중고 생활용품점, '하비오프'는 중고 장난감 및 취미용품점입니다. 하드오프와 하비오프는 매장이 별로 없는 편이고 대신 북오프는 많이 있습니다. 그래서인지 북오프에서 피규어와 닌텐도 칩 등 다양한 취미용품도 판매해요. 북오프도 매장에 따라 중고책 비율이 더 많은 곳, 피규어가 더 많은 곳으로 나뉘어요. 북오프는 찾기도 쉽고 구경거리가 많아서 꼭 사지 않더라도 만다라케와 함께 자주 방문하는 곳입니다.

www.bookoff.co.jp
1 Chome-22-10 Higashiikebukuro, Toshima City, Tokyo

주의! 가끔 가격만 보고 '정크품'의 뜻은 모른 채 구입하시는 분들이 있습니다.

언니랑 데이트

여행을 다녀온 후 영수증, 명함, 엽서, 사진을 붙여 스크랩북을 꾸미는 걸 좋아해요.
볼 때마다 당시의 기억도 떠오르고 다시 한번 여행을 떠나는 즐거움도 느껴집니다.

EPILOGUE 그래서 도쿄

《틈틈이 도쿄》는 저의 첫 책이 될 수도 있었습니다.
17년 전 출판사와 《90일간의 런던스테이》에 대한 출간 회의를 할 때 편집장님은 뒷부분에 도쿄도 함께 넣자는 제안을 했습니다. 하지만 도쿄는 단독으로 출간하고 싶다는 욕심이 컸던 터라 거절을 했어요. 그 후 다른 일정에 밀렸고, 본격적으로 기획에 들어가면 꼭 사건이 생기더라고요. 핸드메이드 책 다음으로 쓰려고 했을 때는 동일본 대지진이, 《틈틈이 교토》와 세트처럼 연이어 출간하려고 했을 때는 노 재팬이, 그러다 3분의 2 정도 썼던 원고가 랜섬웨어에 걸려 사라지고 엎친 데 겹친 격으로 코로나 바이러스까지 전 세계를 휩쓸었습니다.

'이번에는 진짜로 꼭 포기하지 않고 출간하고야 말겠다!'는 마음으로 도쿄에 연이어 두 번 다녀왔습니다. 코로나의 여파인지 문을 닫은 숍들도 있고 관광객도 급격히 많아져서인지, 예전 같지 않아 아쉬운 마음도 생겼습니다. 하지만 여전히 그곳을 지키고 변하지 않는 노포들과 만듦새 좋은 물건들, 제가 사랑하는 골목과 카페는 저를 다시금 설레게 했어요.
또 그 사이 훌쩍 자란 아이들은 자신들의 취향에 맞는 도쿄를 너무나 좋아했습니다. 항상 엄마만 졸졸 따라다니던 애들이 이제는 자기들끼리 계획을 짜서 캐릭터와 굿즈를 찾아 다녔습니다.

'이렇게 나이를 먹고 아이가 자라고 몇몇 풍경들은 바뀌었지만 도쿄는 여전히 나에게 소중한 곳이구나.'

책을 쓰면 다시금 여행을 하는 기분이 들어요. 그 시간과 추억을 되새김질하고 물건들을 보면서 쓰임을 확인하고, 정보를 찾기 위해 구글맵을 들여다보면 어느새 도쿄에 있는 듯한 착각마저 듭니다. 그리고 마침내 결심합니다.

'책이 끝나면 도쿄에 가야겠구나!'

틈틈이 도쿄

초판 1쇄 발행   2024년 8월 30일
     2쇄 발행   2025년 6월 20일

지은이   조인숙
디자인   조인숙
부록(글, 그림)   김민소
편집   손영미
마케팅   김성수

펴낸곳   일삼공
출판등록   2010년 5월 01일 제313 _2010_134호
주소   경기도 일산동구 정발산동 1157-9 1층
전화   02 338 8130
팩스   0505 115 8130

ISBN 979 -11- 87096 - 13- 9 13910
Copyright ©조인숙 2024 Printed in Korea
이 책은 저작권자와의 계약에 따라 일삼공 출판사가 출판하였습니다. 저작권법에 의해 보호 받는 저작물이므로 무단 전재와 무단 복제를 금지하며, 이 책 내용의 전체 또는 일부를 이용하려면 저작권자와 일삼공 출판사의 허락을 받아야 합니다.
*파본이나 잘못된 책은 구입하신 곳에서 바꿔드립니다.